JN148877

?! 歴史漫画《れきしまんが》 タイムワープ シリーズ 通史編《つうしへん》 13

大正時代《たいしょうじだい》へタイムワープ

マンガ：柏葉比呂樹《かしわばひろき》／ストーリー：チーム・ガリレオ／監修《かんしゅう》：河合《かわい》 敦《あつし》

はじめに

大正時代《たいしょうじだい》は、明治時代《めいじじだい》に近代国家《きんだいこっか》に生《う》まれ変《か》わった日本《にほん》が、ますます近代的《きんだいてき》な変化《へんか》をとげていった時代《じだい》です。

この時代《じだい》について、学校《がっこう》の授業《じゅぎょう》では、第《だい》1次世界大戦《じせかいたいせん》が始《はじ》まって輸出《ゆしゅつ》が増《ふ》えて好景気《こうけいき》になったこと、戦後《せんご》すぐに不況《ふきょう》になったこと、近代化《きんだいか》の一方《いっぽう》で公害《こうがい》などの社会問題《しゃかいもんだい》も生《う》まれたこと、人々《ひとびと》の民主主義《みんしゅしゅぎ》への意識《いしき》が高《たか》まったこと（大正《たいしょう》デモクラシー）などを学習《がくしゅう》します。

マンガでは、大正時代《たいしょうじだい》の日本《にほん》にタイムワープしたライトとルナの兄妹《きょうだい》が、当時《とうじ》の人々《ひとびと》と知《し》り合《あ》って、彼《かれ》らの暮《く》らしぶりなどを体験《たいけん》します。

さあ、ふたりといっしょに大正時代《たいしょうじだい》へ冒険《ぼうけん》に出《で》かけましょう。

監修者《かんしゅうしゃ》　河合《かわい》　敦《あつし》

今回《こんかい》のタイムワープの舞台《ぶたい》は…？

4万年前《まんねんまえ》
2万年前《まんねんまえ》
1万年前《まんねんまえ》
2000年前《ねんまえ》
1500年前《ねんまえ》
1400年前《ねんまえ》
1300年前《ねんまえ》
1200年前《ねんまえ》
1100年前《ねんまえ》
1000年前《ねんまえ》
900年前《ねんまえ》
800年前《ねんまえ》
700年前《ねんまえ》
600年前《ねんまえ》
500年前《ねんまえ》
400年前《ねんまえ》
300年前《ねんまえ》
200年前《ねんまえ》
100年前《ねんまえ》
50年前《ねんまえ》
先史時代《せんしじだい》
古代《こだい》
中世《ちゅうせい》
近世《きんせい》
近代《きんだい》
現代《げんだい》
旧石器時代《きゅうせっきじだい》
縄文時代《じょうもんじだい》
弥生時代《やよいじだい》
古墳時代《こふんじだい》／飛鳥時代《あすかじだい》
奈良時代《ならじだい》
平安時代《へいあんじだい》
鎌倉時代《かまくらじだい》
室町時代《むろまちじだい》
安土桃山時代《あづちももやまじだい》
江戸時代《えどじだい》
ココ!!
明治時代《めいじじだい》
大正時代《たいしょうじだい》
昭和時代《しょうわじだい》
平成時代《へいせいじだい》
令和時代《れいわじだい》
日本人《にほんじん》の祖先《そせん》が住《す》み着《つ》く
土器《どき》を作《つく》り始《はじ》める
貝塚《かいづか》が作《つく》られる
米作《こめづく》りが伝《つた》わる
大和朝廷《やまとちょうてい》が生《う》まれる
平城京《へいじょうきょう》が都《みやこ》になる
平安京《へいあんきょう》が都《みやこ》になる
モンゴル（元《げん》）軍《ぐん》が２度《ど》攻《せ》めてくる
室町幕府《むろまちばくふ》が開《ひら》かれる
金閣《きんかく》や銀閣《ぎんかく》がつくられる
江戸幕府《えどばくふ》が開《ひら》かれる
明治維新《めいじいしん》
大正《たいしょう》デモクラシー
太平洋戦争《たいへいようせんそう》
高度経済成長《こうどけいざいせいちょう》
米作《こめづく》りが広《ひろ》まる
巨大《きょだい》なお墓《はか》（古墳《こふん》）がつくられる
奈良《なら》の大仏《だいぶつ》がつくられる
華《はな》やかな貴族《きぞく》の時代《じだい》
鎌倉幕府《かまくらばくふ》が開《ひら》かれる（武士《ぶし》の時代《じだい》の始《はじ》まり）
戦国時代《せんごくじだい》
町人文化《ちょうにんぶんか》が盛《さか》んになる
文明開化《ぶんめいかいか》
現代《げんだい》

もくじ

歴史《れきし》なるほどメモ

教《おし》えて!! 河合先生《かわいせんせい》 大正時代《たいしょうじだい》おまけ話《ばなし》

登《とう》場《じょう》人《じん》物《ぶつ》

ライト

ルナのお兄《にい》ちゃん。
本《ほん》を読《よ》むのが好《す》きで、物知《ものし》り。
運動《うんどう》は苦手《にがて》で気《き》が弱《よわ》いけれど、
とっても妹思《いもうとおも》い。
大正時代《たいしょうじだい》へタイムワープして
戸惑《とまど》いながらも
元《もと》の時代《じだい》に戻《もど》るために
勇気《ゆうき》と知恵《ちえ》をふり絞《しぼ》る。

ルナ

ライトの妹《いもうと》。
元気《げんき》いっぱい、好奇心旺盛《こうきしんおうせい》で
運動神経抜群《うんどうしんけいばつぐん》の女《おんな》の子《こ》。
大正時代《たいしょうじだい》にもすぐになじみ、
興味《きょうみ》を持《も》ったことには
何《なん》にでも
首《くび》を突《つ》っ込《こ》んで
騒動《そうどう》を巻《ま》き起《お》こす。

ケイコ

ライトとルナが
タイムワープして出会《であ》った
大正時代《たいしょうじだい》の女学生《じょがくせい》。
正義感《せいぎかん》が強《つよ》い。
平塚雷鳥《ひらつからいちょう》を尊敬《そんけい》している。

尾崎行雄《おざきゆきお》

政治家《せいじか》。
だれもが政治《せいじ》に
参加《さんか》できる
世《よ》の中《なか》を
目指《めざ》している。

平塚雷鳥《ひらつからいちょう》

社会運動家《しゃかいうんどうか》。
女性《じょせい》の地位《ちい》
向上《こうじょう》のために
力《ちから》を尽《つ》くして
いる。

江戸川乱歩《えどがわらんぽ》

推理小説家《すいりしょうせつか》。
ライトたちが
元《もと》の時代《じだい》に戻《もど》る
ヒントを与《あた》える。

宮沢賢治《みやざわけんじ》

童話作家《どうわさっか》。
ライトと一緒《いっしょ》に、
迷子《まいご》になった
ルナを捜《さが》す。

1章《しょう》

大正時代《たいしょうじだい》へ タイムワープ！

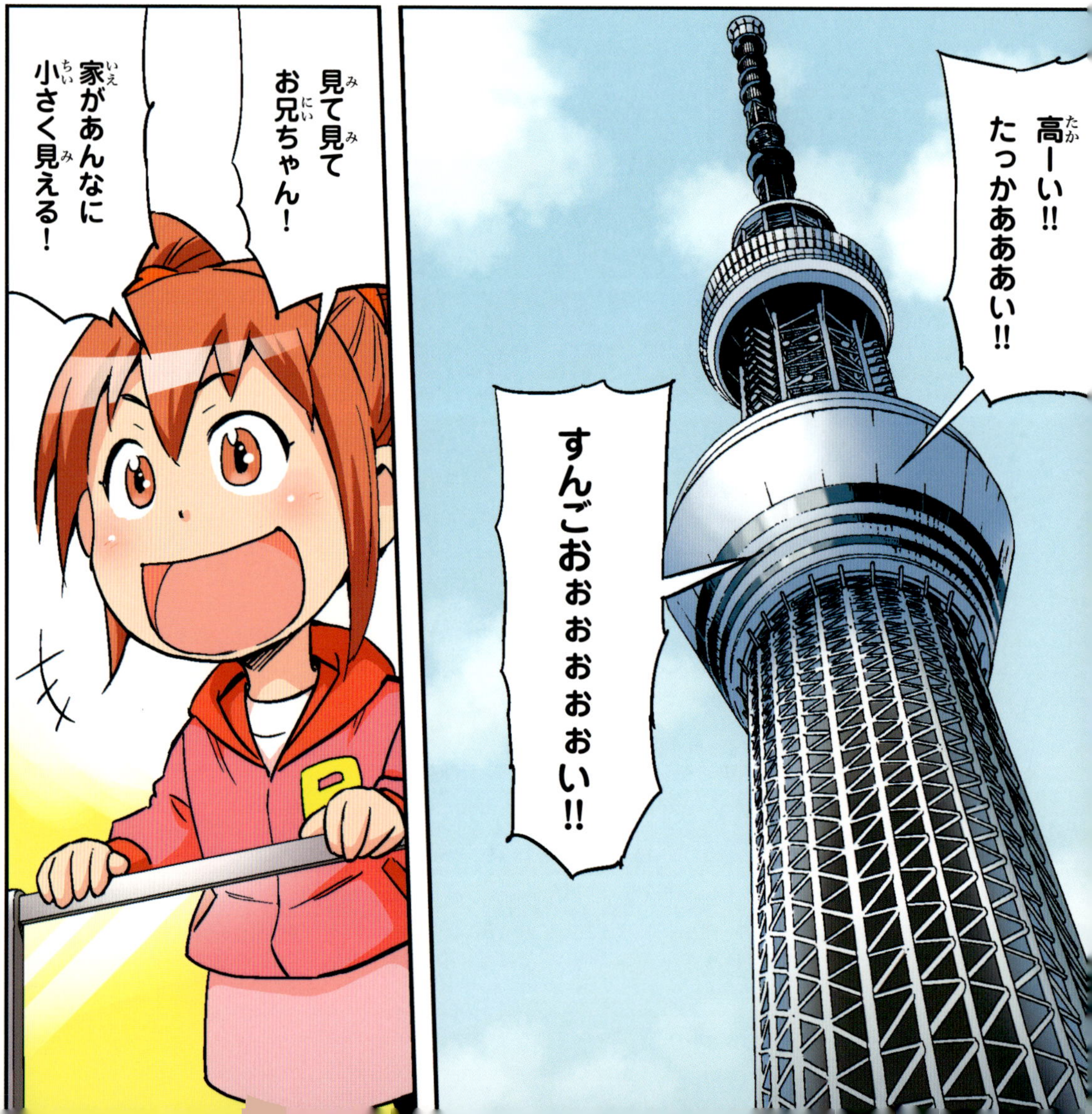

どうだ すごいだろ? これが東京《とうきょう》スカイツリーさ
ライト
高《たか》さは634mで 世界一高《せかいいちたか》いタワーなんだぞ!
ルナ
スゴイ! スゴイ!
……って お兄《にい》ちゃんが 建《た》てたワケじゃないのに なんで自慢《じまん》してるの?
ガーン
でも 世界一《せかいいち》なんて スゴイね!
そうだろ そうだろ
それに 東京《とうきょう》スカイツリーは ただ高《たか》いだけじゃなくて
テレビの電波塔《でんぱとう》として 建《た》てられたものでね
雷《かみなり》が落《お》ちても電気《でんき》が 地面《じめん》に逃《に》げるような 特殊《とくしゅ》な構造《こうぞう》をしているし……
あ!?
お兄《にい》ちゃん!

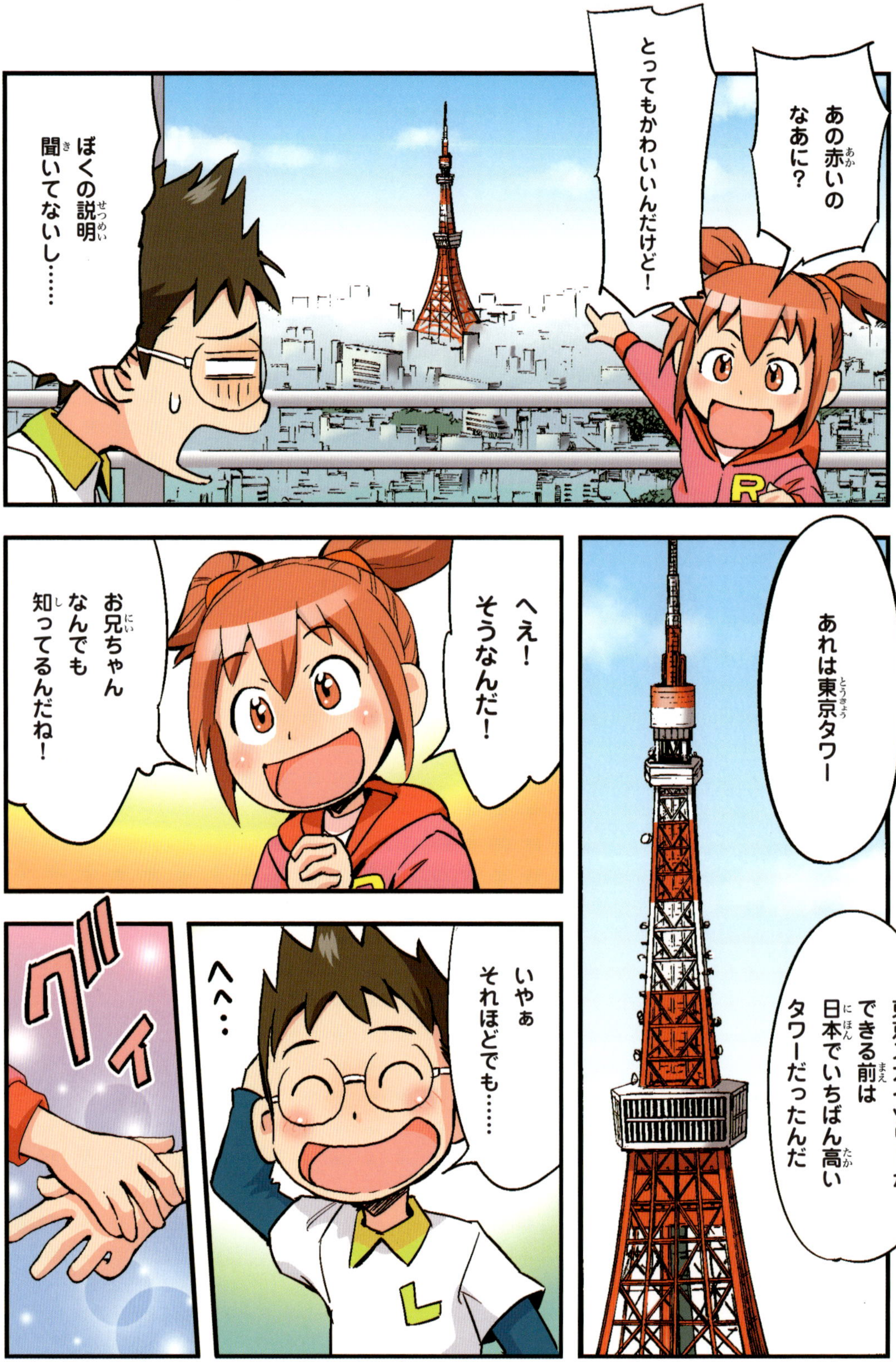
あの赤《あか》いの なあに?
とってもかわいいんだけど!
ぼくの説明《せつめい》聞《き》いてないし……
あれは東京《とうきょう》タワー
東京《とうきょう》スカイツリーができる前《まえ》は日本《にほん》でいちばん高《たか》いタワーだったんだ
へぇ! そうなんだ!
お兄《にい》ちゃんなんでも知《し》ってるんだね!
いやぁ それほどでも……
へへ・・
グイィ

東京《とうきょう》タワーに行《い》こう！
え!?
だって ルナ 行《い》きたく なっちゃったんだもん
ね！ 行《い》こう！
ちょ…… ちょっと待《ま》ってよ ルナ！

きれ〜いっ!!
かわいい〜っ!!
そうだろ? これが東京《とうきょう》タワー
東京《とうきょう》スカイツリーよりは低《ひく》いけれど
鉄骨《てっこつ》でできた美《うつく》しい姿《すがた》には今《いま》でもファンが多《おお》いんだぞ
さすが物知《ものし》りお兄《にい》ちゃん!
フフフ…
東京《とうきょう》タワーも東京《とうきょう》スカイツリーと同《おな》じ電波塔《でんぱとう》でね
高《たか》さは333mでできた当時《とうじ》は世界一《せかいいち》だったんだよ
それからね……

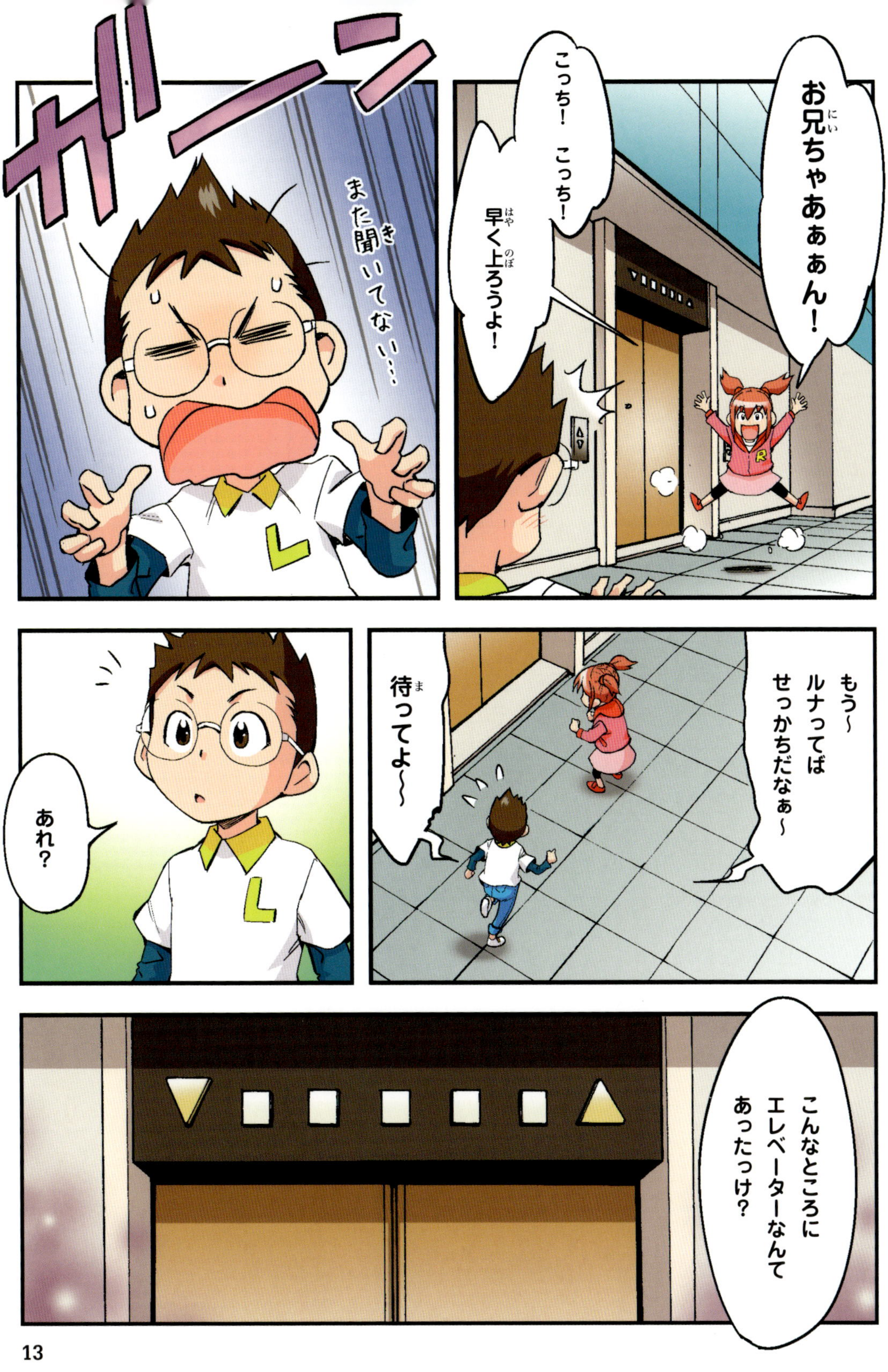
お兄《にい》ちゃあぁぁん！
こっち！ こっち！
早《はや》く上《のぼ》ろうよ！
ガーーン
また聞《き》いてない…
もう〜 ルナってば せっかちだなぁ〜
待《ま》ってよ〜
あれ？
こんなところに エレベーターなんて あったっけ？

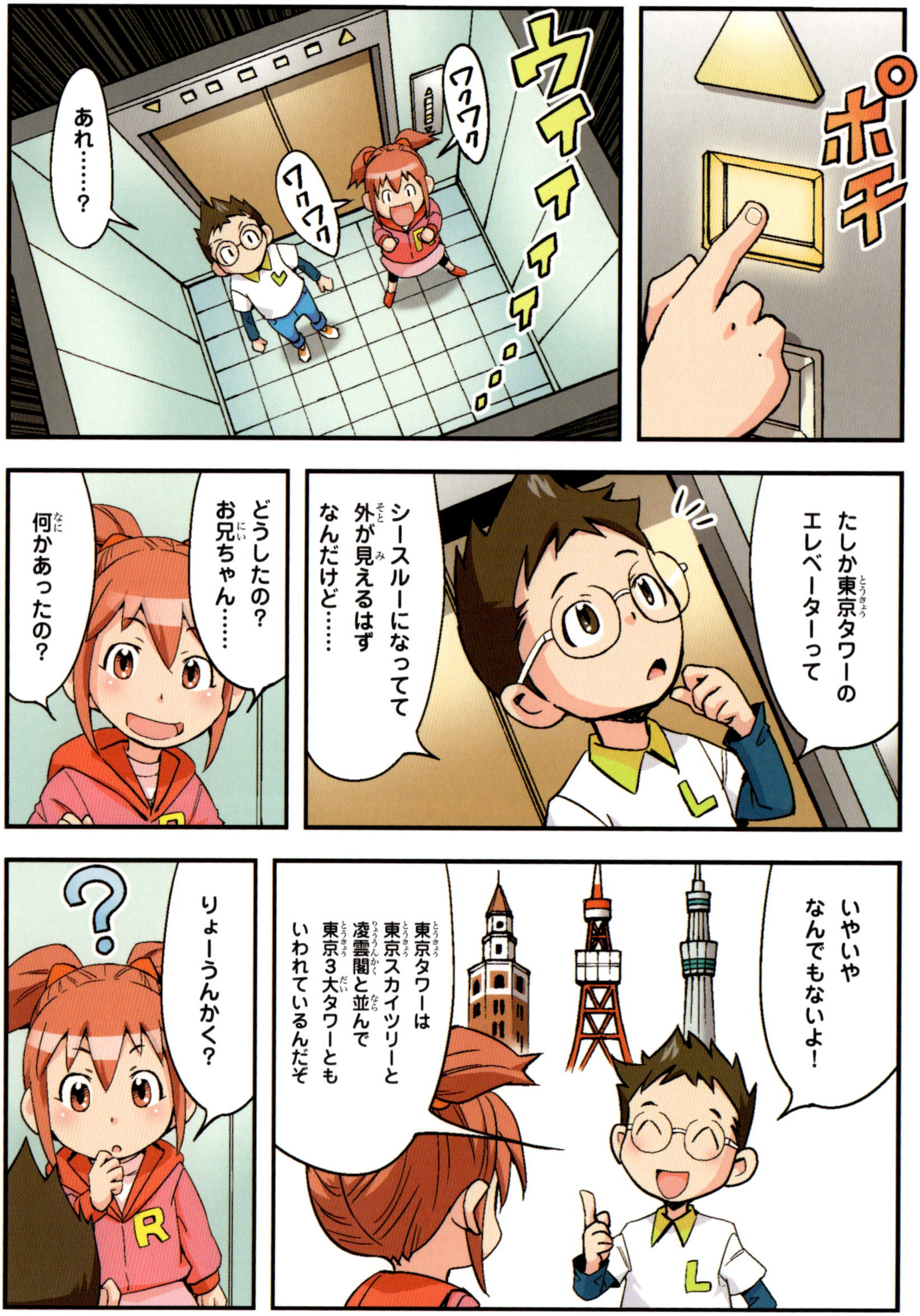
ポチ
ウィイイイ…
ワクワク
ワクワク
あれ……?
たしか東京《とうきょう》タワーのエレベーターって
シースルーになってて外《そと》が見《み》えるはずなんだけど……
どうしたの? お兄《にい》ちゃん……
何《なに》かあったの?
いやいや なんでもないよ!
東京《とうきょう》タワーは東京《とうきょう》スカイツリーと凌雲閣《りょううんかく》と並《なら》んで東京《とうきょう》3大《だい》タワーともいわれているんだぞ
りょーうんかく?

うん
明治時代《めいじじだい》に
浅草《あさくさ》に建《た》てられた
ものでね
通称《つうしょう》は浅草十二階《あさくさじゅうにかい》
当時《とうじ》の日本《にほん》では
いちばん高《たか》い 52mある
東京《とうきょう》の名物《めいぶつ》だったんだ
名物《めいぶつ》!?
ルナ
りょーうんかく
にも行《い》きたい!
残念《ざんねん》だけど
それはダメだな
う〜ん‥
ブーブー
なんで?
行《い》きたい!
行《い》きたい!
ぼくたちが生《う》まれる
ずーっと前《まえ》に 壊《こわ》れて
なくなっちゃった
んだよ
なんだぁ〜
つまんないの……
ポチ
ドン
ガックン
わっ
きゃっ

エレベーター
壊《こわ》れちゃったかな？
キャハハ
ルナがボタンを
押《お》したから？
戻《もど》さなきゃ……
ポチ
ポチ
ポチ
わわっ
やめろ！　ルナ！
アチョー♡
ポチ
ポチ
ポチ
ポチ
ポチ
ゴゴゴ…
ゴゴゴ
ヒョー♡

うわ~~~~~っ!!!
ゴゴ

あいたたた
ルナ！大丈夫《だいじょうぶ》か？
……うん ルナ 大丈夫《だいじょうぶ》～
ムギュ～～
いや ぜんぜん大丈夫《だいじょうぶ》そうじゃないぞ…
ウィイイイ‥
何《なに》か変《へん》だったけど……展望台《てんぼうだい》に着《つ》いたかな？
あれ？展望台《てんぼうだい》じゃないな……
トコトコ…

まぶし〜〜
ん？
ワイワイ
ワイワイ
どこだ？
ここ？
着《き》ている服《ふく》も
なんだか
昔《むかし》の人《ひと》っぽいし……
お兄《にい》ちゃん
後《うし》ろ見《み》て……

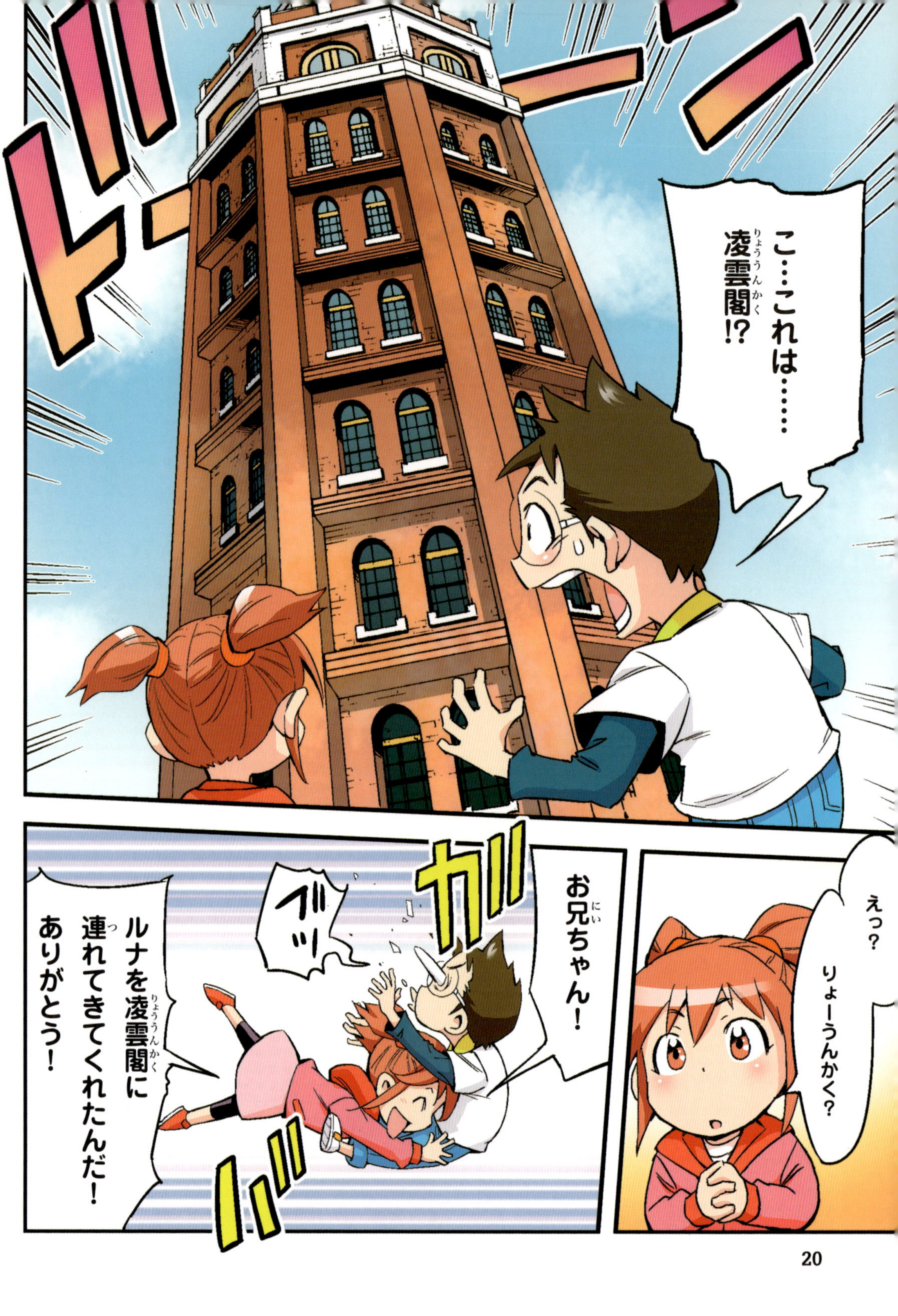
ドドーン
こ…これは……凌雲閣《りょううんかく》!?
えっ?
りょーうんかく?
お兄《にい》ちゃん!
ガバッ
ルナを凌雲閣《りょううんかく》に連《つ》れてきてくれたんだ!
ありがとう!

そ…そうじゃなくて……
新聞《しんぶん》……？
ガサ
そんな……
大正《たいしょう》8年《ねん》……!?
大正八年五
たしか1919年《ねん》だよな……
たいへんだ！ルナ！
ぼくたち100年《ねん》ぐらい前《まえ》に タイムワープしたかも……
あれ？ルナ？

どこ行《い》ったんだ?
ルナーーーッ!!
ワイワイ

ワイワイ
ガヤガヤ

大正時代《たいしょうじだい》ってどんな時代《じだい》？

① 大衆文化《たいしゅうぶんか》と「大正《たいしょう》デモクラシー」

大正時代《たいしょうじだい》は、今《いま》から100年《ねん》くらい前《まえ》の、15年間《ねんかん》足《た》らずのほんの短《みじか》い時代《じだい》です。しかし、その間《かん》に日本《にほん》はさまざまな変化《へんか》がありました。

経済《けいざい》が発展《はってん》してヨーロッパ（西洋《せいよう》、欧米《おうべい》）風《ふう》の生活《せいかつ》様式《ようしき》が広《ひろ》まりました。新聞《しんぶん》や雑誌《ざっし》の部数《ぶすう》が増《ふ》え、ラジオ放送《ほうそう》も始《はじ》まって、映画《えいが》、歌謡曲《かようきょく》、スポーツなどの娯《ご》楽《らく》をたくさんの人《ひと》が楽《たの》しむようになったのです。

一方《いっぽう》で、貧富《ひんぷ》の差《さ》が広《ひろ》がり、公害《こうがい》が発生《はっせい》して、政《せい》治《じ》に不満《ふまん》を抱《いだ》く人《ひと》が増《ふ》えたのもこの時代《じだい》です。政治《せいじ》への参加《さんか》を求《もと》める「大正《たいしょう》デモクラシー」の風潮《ふうちょう》のなか、女性《じょせい》や労働者《ろうどうしゃ》などによる社会運動《しゃかいうんどう》も高《たか》まりました。

ラジオ放送《ほうそう》も大正時代《たいしょうじだい》に始《はじ》まったんだ！

The Tokyo Station; Railway Center in Japan
（大東京）帝都の大玄關東京驛の壯観

大正時代《たいしょうじだい》の東京駅《とうきょうえき》
現在《げんざい》の駅舎《えきしゃ》は当時《とうじ》の姿《すがた》を復元《ふくげん》したもの

『帝都の大玄関東京駅の壮観』（絵葉書）東京都立中央図書館蔵

② 第《だい》1次世界大戦《じせかいたいせん》と日本《にほん》

当時《とうじ》の日本《にほん》に大《おお》きな影響《えいきょう》を与《あた》えたのが、日本《にほん》も参戦《さんせん》した第《だい》1次世界大戦《じせかいたいせん》です。戦場《せんじょう》となったヨーロッパにかわり、日本《にほん》でつくったものが世界中《せかいじゅう》にたくさん輸出《ゆしゅつ》され、日本《にほん》の経済《けいざい》は大《おお》きく発展《はってん》しました。

第《だい》1次世界大戦《じせかいたいせん》をきっかけに豊《ゆた》かになる人《ひと》たちがいる一方《いっぽう》で、物価《ぶっか》が上《あ》がって苦《くる》しむ人《ひと》たちも増《ふ》えました。米《こめ》の安売《やすう》りを求《もと》める「米騒動《こめそうどう》」が全国《ぜんこく》に広《ひろ》がるなど、政治《せいじ》への不満《ふまん》がふくらむきっかけにもなりました。

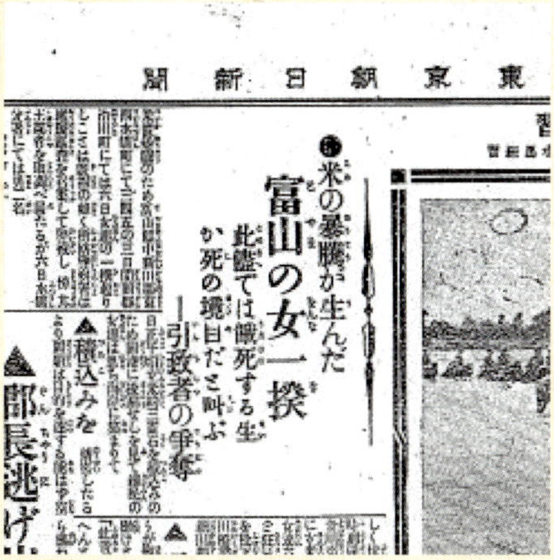
東京朝日新聞

米の暴騰が生んだ
富山の女一揆
此儘では饑死する生か死の境目だと叫ぶ
―引致者の争奪
▲積込みを
▲部長逃げ

「米騒動《こめそうどう》」の様子《ようす》を伝《つた》える当時《とうじ》の新聞《しんぶん》
富山県《とやまけん》の魚津《うおづ》の女性《じょせい》たちの行動《こうどう》を機《き》に、全国《ぜんこく》に広《ひろ》がった
写真：朝日新聞社

もの知《し》りコラム

戦争《せんそう》で金持《かねも》ちになった「成金《なりきん》」

第《だい》1次世界大戦《じせかいたいせん》の時《とき》には、世界各国《せかいかっこく》から日本《にほん》にさまざまな注文《ちゅうもん》が届《とど》きました。この機《き》を逃《のが》さず、商売《しょうばい》に成功《せいこう》し、あっという間《ま》に金持《かねも》ちになる人《ひと》たちが次々《つぎつぎ》と生《う》まれます。彼《かれ》らは、「成金《なりきん》」といわれました。将棋《しょうぎ》の「歩《ふ》」という駒《こま》が、敵陣《てきじん》に入《はい》ると裏返《うらがえ》って強《つよ》い駒《こま》の「金《きん》」になることから生《う》まれた呼《よ》び名《な》です。成金《なりきん》が特《とく》に多《おお》かったのは造船業《ぞうせんぎょう》や海運業《かいうんぎょう》に携《たずさ》わる人《ひと》たちで、「船成金《ふねなりきん》」ともいわれました。

「成金《なりきん》」の姿《すがた》を描《えが》いた絵《え》
「暗《くら》くてお靴《くつ》が分《わか》らないわ」という女性《じょせい》に対《たい》し、成金《なりきん》がお札《さつ》を燃《も》やして「どうだ明《あか》るくなったろう」と言《い》っている
和田邦坊画『現代漫画大観第三編明治大正史』から

2章《しょう》 浅草《あさくさ》を探検《たんけん》!

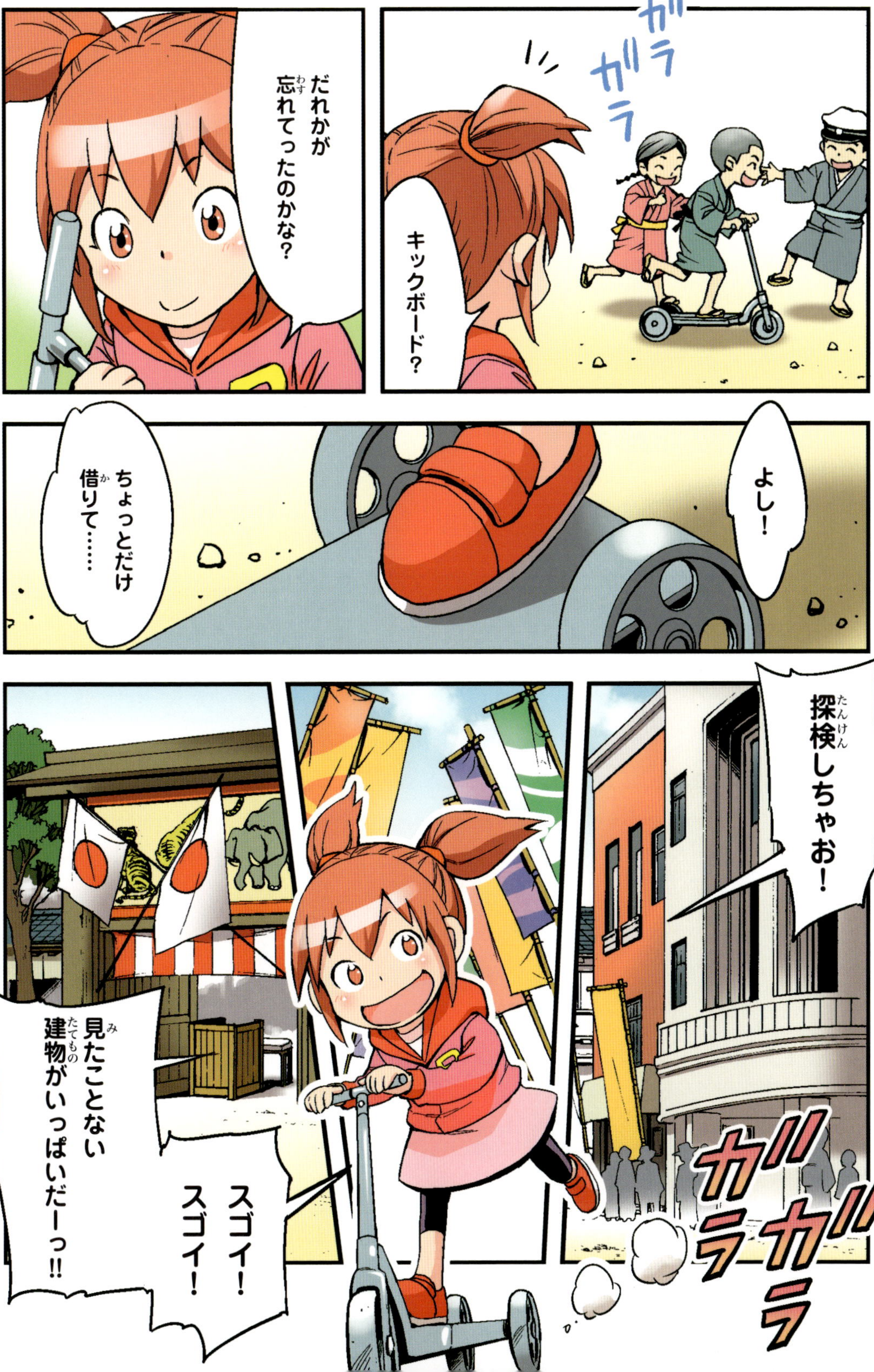
ガラ
ガラ
キックボード?
だれかが
忘《わす》れてったのかな?
よし!
ちょっとだけ
借《か》りて……
探検《たんけん》しちゃお!
ガラ
ガラ
スゴイ!
スゴイ!
見《み》たことない
建物《たてもの》がいっぱいだーっ!!

キュッ
何《なん》だろ?
児雷也
おっ! コレが今《いま》ハヤリの「活動写真《かつどうしゃしん》」か!
カエルのお化《ば》けが出《で》るんだって?
おもしろそう!
ムフー
さぁさぁ
我《われ》らが主人公《しゅじんこう》児雷也《じらいや》はこのピンチを切《き》り抜《ぬ》けることができるのか……!?

活動写真《かつどうしゃしん》って 映画《えいが》のことなんだ!
いったい どうなる!?
あれ? でも 音《おと》が出《で》なくて 代《か》わりにあの人《ひと》が おしゃべりしてる
お嬢《じょう》ちゃん 知《し》らないのかい? あれは 「活動弁士《かつどうべんし》」だよ
えっ!?
ホカホカ
カツ丼《どん》 食《く》うべ……?
か・つ・ど・う・べ・ん・し
おじちゃん ギャグだよ!
音《おと》がないと話《はなし》がわからないから しゃべって教《おし》えてくれる ってわけさ
そして あそこで楽器《がっき》を 演奏《えんそう》してるのが 「楽士《がくし》」だ
映像《えいぞう》や弁士《べんし》の しゃべりに合《あ》わせて 音楽《おんがく》を演奏《えんそう》して 盛《も》り上《あ》げてくれる

ワクワク
ルナもやる！
ええ!?
さぁさぁ たいへん！
この化《ば》けガエルが大暴《おおあば》れだよーっ！
そこにヒーローが登場《とうじょう》！
とくとごらんあれ〜〜
おっ！ちっちゃな活動弁士《かつどうべんし》が出《で》てきた！
いいぞお嬢《じょう》ちゃん
オォオォ

キョロ
キョロ
まったく ルナのやつ どこ行《い》っちゃったんだ
ちょっと目《め》を離《はな》すと すぐにいなくなるんだから
おもしろかったな! やたらと元気《げんき》のいい女《おんな》の子《こ》が 客席《きゃくせき》から出《で》てきたと 思《おも》ったら
活動弁士《かつどうべんし》みたいに 語《かた》り始《はじ》めちゃうん だもんなぁ……
ルナだ――!
おじさん! その女《おんな》の子《こ》 どこにいたの?
あそこの角《かど》の 活動写真館《かつどうしゃしんかん》だよ……
おい……! 今《いま》行ったって もう……!
ダッ
ありがとう! おじさん!

ありがとうございました
本日《ほんじつ》の上映《じょうえい》は終了《しゅうりょう》しました
おもしろかったわね
そんなぁ……
せっかく居場所《いばしょ》がわかったのに……
どこにいるんだよ〜ルナ〜〜っ
ん?
だれかに呼《よ》ばれた気《き》がしたけど……
気《き》のせいだよね♪
ガラガラ…
次《つぎ》はどこ行《い》こっかな〜♪

トボトボ……
このままでたらめに捜《さが》してもなぁ…… 何《なに》かいい方法《ほうほう》ないかなぁ……
ドン
いててて……すみません!
いやいやこちらのほうこそ
バサバサ
あれ?
注文の多い料理店
これは『注文《ちゅうもん》の多《おお》い料理店《りょうりてん》』——の原稿《げんこう》!?
ということはあなたはもしかして……!!

宮沢賢治《みやざわけんじ》さん!?
宮沢賢治《みやざわけんじ》
うわぁ
ぼく あなたの小説《しょうせつ》大好《だいす》きなんですよ!
え?
ちょっと待《ま》って!?
ど…どうして君《きみ》は僕《ぼく》の名前《なまえ》を知《し》っているの?
それに僕《ぼく》は本《ほん》なんて出《だ》したことないし
この『注文《ちゅうもん》の多《おお》い料理店《りょうりてん》』だって書《か》きかけなのに……
いや それは…ですね
たぶん話《はな》しても信《しん》じてもらえないと思《おも》うんですけど……
ポリ ポリ
?
何《なに》か事情《じじょう》がありそうだね 聞《き》かせてくれるかい?

なるほど……
注文の多い料理店
君《きみ》は未来《みらい》の世界《せかい》に住《す》んでいて僕《ぼく》の本《ほん》を読《よ》んでくれていたのか
はい……でもこの時代《じだい》に来《き》てすぐ妹《いもうと》とはぐれてしまって……
サイダーでも飲《の》んで元気《げんき》出《だ》して
サイダーってもうこの時代《じだい》にはあったんですね
よし！妹《いもうと》さんを捜《さが》すのを手伝《てつだ》おう！
信《しん》じてくれるんですか!?

僕《ぼく》の知《し》らない世界《せかい》がこの世《よ》のどこかに存在《そんざい》する――
夢《ゆめ》があって実《じつ》に素晴《すば》らしい!!
それに 僕《ぼく》にも故郷《こきょう》の岩手《いわて》に妹《いもうと》がいる
君《きみ》の心配《しんぱい》はわかるよ急《いそ》ごう!
ありがとうございます!
う〜ん…
浅草《あさくさ》にはルナの好《す》きそうなところがたくさんあるみたいだからまだ近《ちか》くにいるとは思《おも》うんですけど
だったら高《たか》いところから捜《さが》してみよう
高《たか》いところ?
上《うえ》から見渡《みわた》せば見《み》つけられるかもしれないぞ
そうか凌雲閣《りょううんかく》!

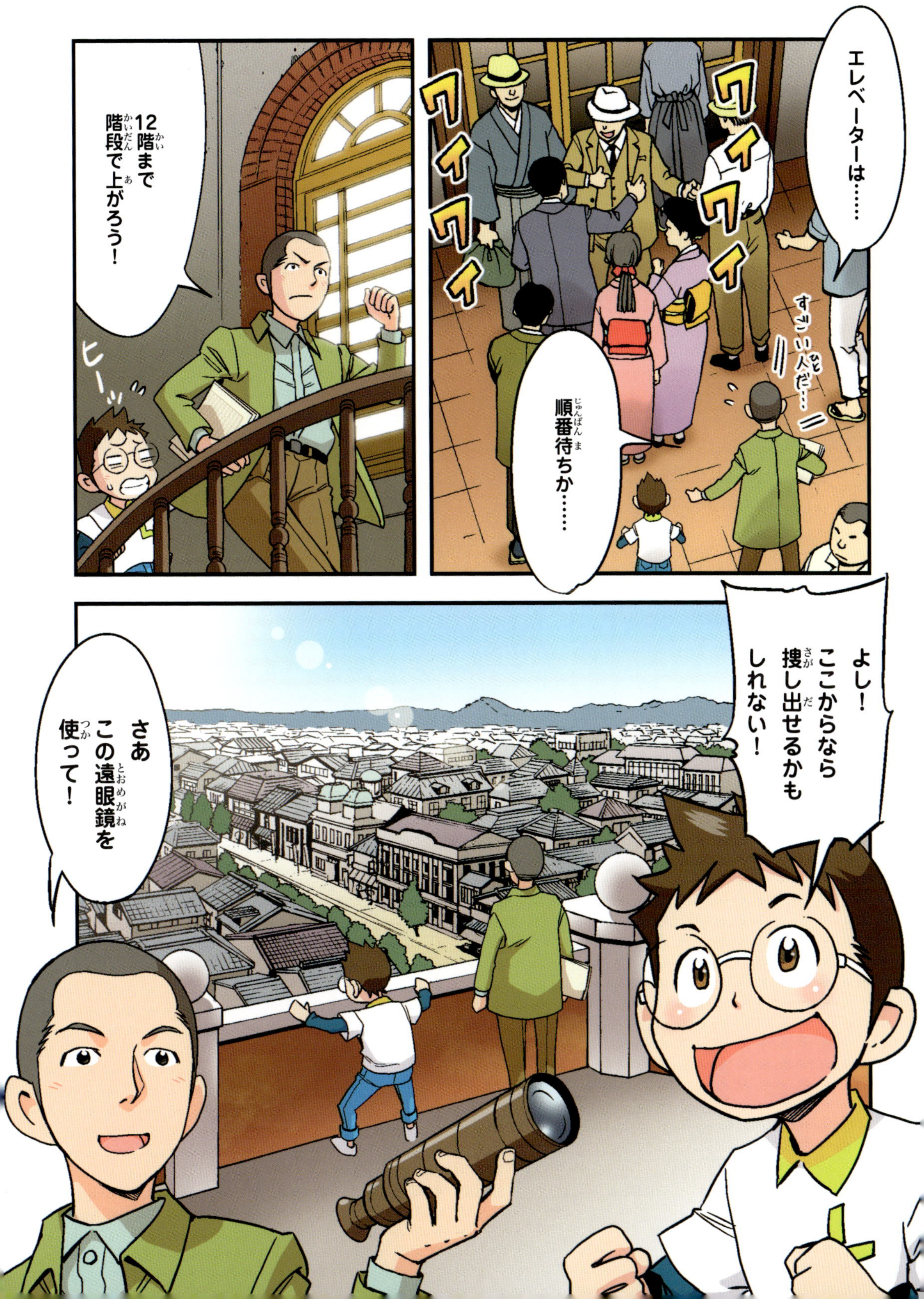
エレベーターは……
ワイワイ
ワイワイ
すごい人《ひと》だ……
順番《じゅんばん》待《ま》ちか……
12階《かい》まで階段《かいだん》で上《あ》がろう!
ヒーッ
よし! ここからなら捜《さが》し出《だ》せるかもしれない!
さあ この遠眼鏡《とおめがね》を使《つか》って!

ルナ〜
どこにいるんだ……
あそこには
いないか……
ん?
あそこは
遊園地《ゆうえんち》……?
あっ!
見《み》つけた!
ルナだ!
グルグル
グルグル
おお!
場所《ばしょ》はどこだい?
目印《めじるし》になるような
ものは見《み》えるかい?
遊園地《ゆうえんち》みたい
ゾウもいます!
わかったぞ!
「花屋敷《はなやしき》」だ!

見《み》つかってよかったね……
ん?
ルナの後《うし》ろにあやしげなおじさんがいる……
つぎは何《なに》みよっかな～っと
ライトくん!早《はや》く行《い》ってあげなさい!
はい!いろいろありがとうございました!
未来《みらい》から来《き》た風《かぜ》のような少年《しょうねん》か……
うん!いいアイデアを思《おも》いついたぞ!

大衆文化が花盛り

TIME WARP memo
歴史なるほどメモ②

① 「活動写真」が大人気

大正時代は、経済が発展したことで、人々の生活の水準が上がり、娯楽に時間やお金を費やす余裕が生まれて、大衆文化が大いに発達しました。特に人気があったのが映画です。「動く写真」という意味で「活動写真」と呼ばれ、子どもから大人までこぞって見にいきました。東京・浅草にはたくさんの映画館が立ち並び、多くの人でにぎわいました。

もの知りコラム
「無声映画」の花形 「人気弁士」は引っ張りだこ

映画は、最初は声や音楽の入っていない「無声映画」だったので、「活動弁士」が画面に合わせて内容を説明し、「楽士」が音楽を演奏しました。「人気弁士」は映画館専属で、引き抜きも行われました。しかし、やがて「トーキー」と呼ばれる「発声映画」が登場し、弁士は消えました。

浅草六区の様子
浅草は東京の代表的な娯楽街で、特に「六区」と呼ばれる地域にはたくさんの映画館が立ち並び、にぎわった
「浅草公園六区活動街」（絵葉書）
東京都立中央図書館蔵

尾上松之助
大正時代の「活動写真」の大スター。「目玉の松ちゃん」と親しまれた
国立国会図書館HPから

②新聞《しんぶん》、雑誌《ざっし》、ラジオも人気《にんき》

大正時代《たいしょうじだい》には、100万部《まんぶ》を超《こ》える新聞《しんぶん》が現《あらわ》れ、たくさんの雑誌《ざっし》も読《よ》まれるようになりました。子《こ》ども向《む》けの雑誌《ざっし》もいくつも創刊《そうかん》されました。また、レコードが普及《ふきゅう》し、1925（大正《たいしょう》14）年《ねん》には東京《とうきょう》からラジオ放送《ほうそう》が始《はじ》まって、大阪《おおさか》、名古屋《なごや》でも放送《ほうそう》が開始《かいし》されました。

こうしたメディアの発達《はったつ》によって、大《だい》ヒットする小説《しょうせつ》や歌謡曲《かようきょく》などが生《う》まれ、学生野球《がくせいやきゅう》などのスポーツも新聞《しんぶん》やラジオで伝《つた》えられて、大衆《たいしゅう》の娯楽《ごらく》として広《ひろ》まっていきました。

大正時代《たいしょうじだい》のキーパーソン 1

「芥川賞《あくたがわしょう》」に名《な》を残《のこ》す文豪《ぶんごう》

芥川龍之介《あくたがわりゅうのすけ》

★生没年《せいぼつねん》 1892～1927年《ねん》

大正時代《たいしょうじだい》の作家《さっか》。中国《ちゅうごく》の小説《しょうせつ》を題材《だいざい》にした『杜子春《とししゅん》』などの作品《さくひん》がある。純文学《じゅんぶんがく》の新人《しんじん》作家《さっか》が対象《たいしょう》の「芥川賞《あくたがわしょう》」にその名《な》を残《のこ》す。

国立国会図書館 HP から

「赤《あか》い鳥《とり》」

大正時代《たいしょうじだい》に創刊《そうかん》された代表的《だいひょうてき》な子《こ》ども向《む》け雑誌《ざっし》。創刊号《そうかんごう》には芥川龍之介《あくたがわりゅうのすけ》の『蜘蛛《くも》の糸《いと》』も掲載《けいさい》された。写真《しゃしん》は復刻版《ふっこくばん》

写真：朝日新聞社

初期《しょき》のラジオ

当初《とうしょ》は一日《いちにち》5時間《じかん》だけの放送《ほうそう》だったが、家族《かぞく》みんながラジオの前《まえ》に集《あつ》まって聞《き》いた。写真《しゃしん》は1929（昭和《しょうわ》4）年発売《ねんはつばい》のもの

写真：シャープ株式会社

松井須磨子《まついすまこ》

明治《めいじ》、大正時代《たいしょうじだい》の女優《じょゆう》。「復活《ふっかつ》」という劇《げき》の中《なか》で歌《うた》われた「カチューシャの唄《うた》」が全国的《ぜんこくてき》にヒットした

国立国会図書館 HP から

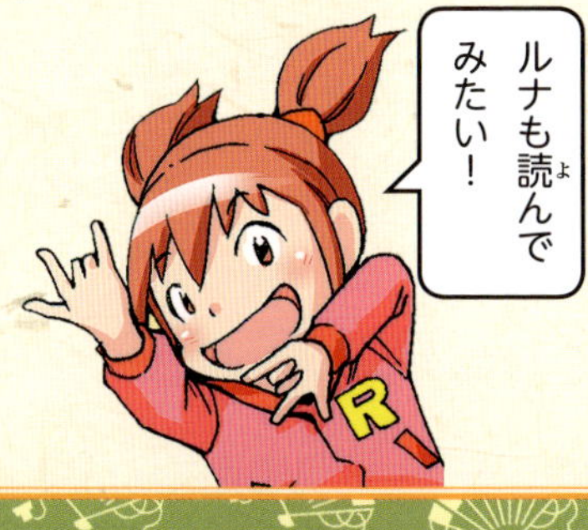

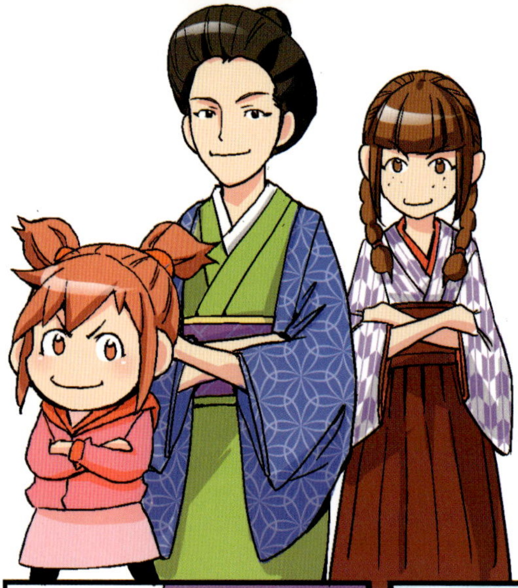

3章《しょう》

「成金《なりきん》」をやっつけろ！

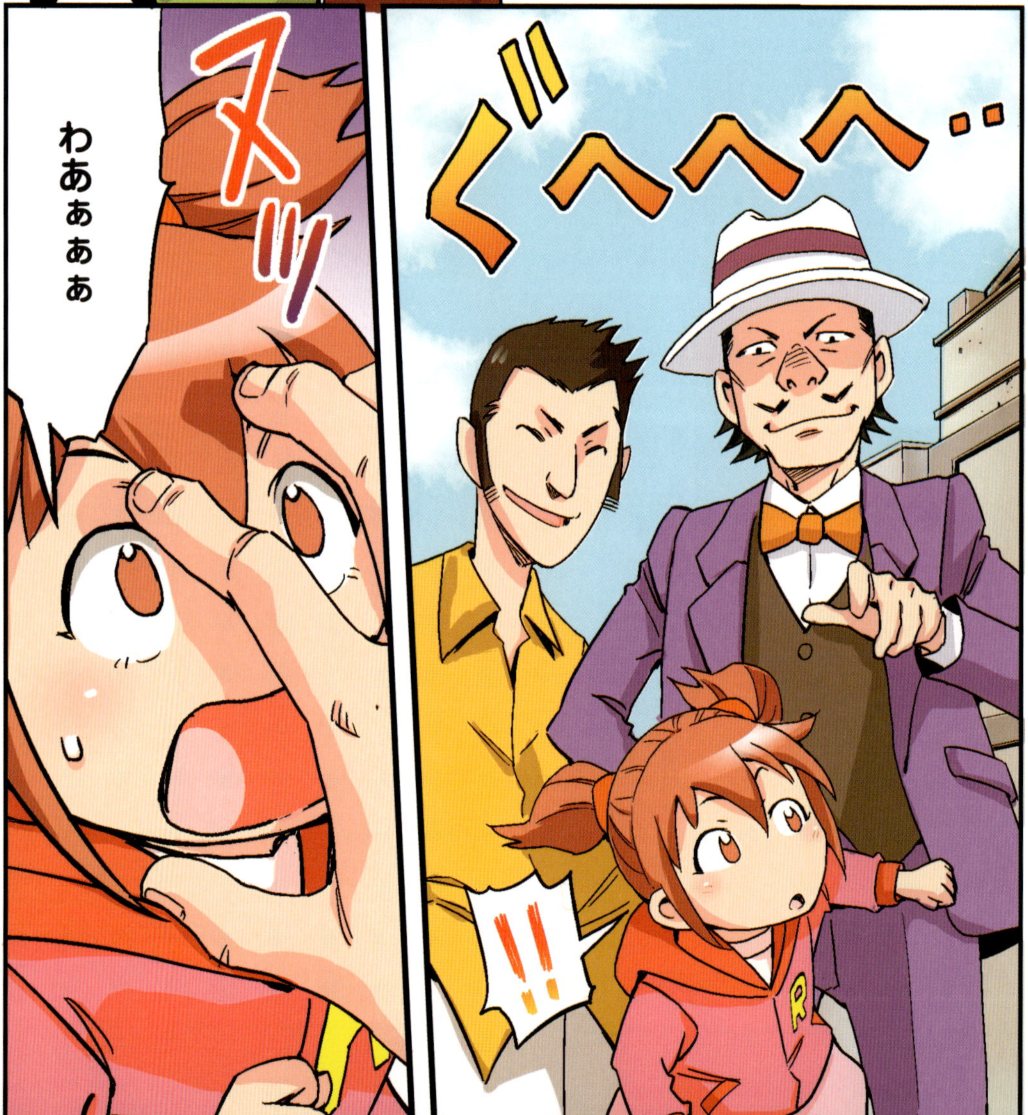

妹《いもうと》に何《なに》をする！
お兄《にい》ちゃん！
助《たす》けにきてくれたんだ！ありがとう！
もう……！捜《さが》したんだぞ！あんまり心配《しんぱい》かけるなよ……
それより おじさん！ルナにいったい何《なに》をするつもりなんだ!?
おい お嬢《じょう》ちゃん……

チリ紙《がみ》はないか?
テロ~ン
え?
風邪気味《かぜぎみ》で鼻水《はなみず》がすごくてな
持《も》ってたらちょーだい!
ズズズ…
なんだ……チリ紙《がみ》か……
ホッ
ルナ持《も》ってないよ!
そうか……ないならこれを代わりに使《つか》うか……
サ
バリ
チーン
!

＊「成金《なりきん》」については25ページを見《み》よう

金《かね》ならいくらでもあるぞ!
お…お金《かね》……
ヨロヨロ…
ダン
おっと
どうするつもりかな?
こんなゴミ
ああっ……
汚《きたな》いから
こうしてしまおう
メラ…メラ…
なんてことを……

よし！ルナがこらしめてやる！
うわーっ ムチャしちゃダメーー
やめろ〜〜 ルナ〜〜〜！
プンプン
お金《かね》を焼《や》いたりしちゃダメだよっ！
なんだとこのガキ！
生意気《なまいき》なガキはおしおきですよ……
このガキ！
ヒョイ
へへん！あんたなんかにつかまらないよ！
ブンッ
バカめ後《うし》ろだ！
ガシッ
あっ

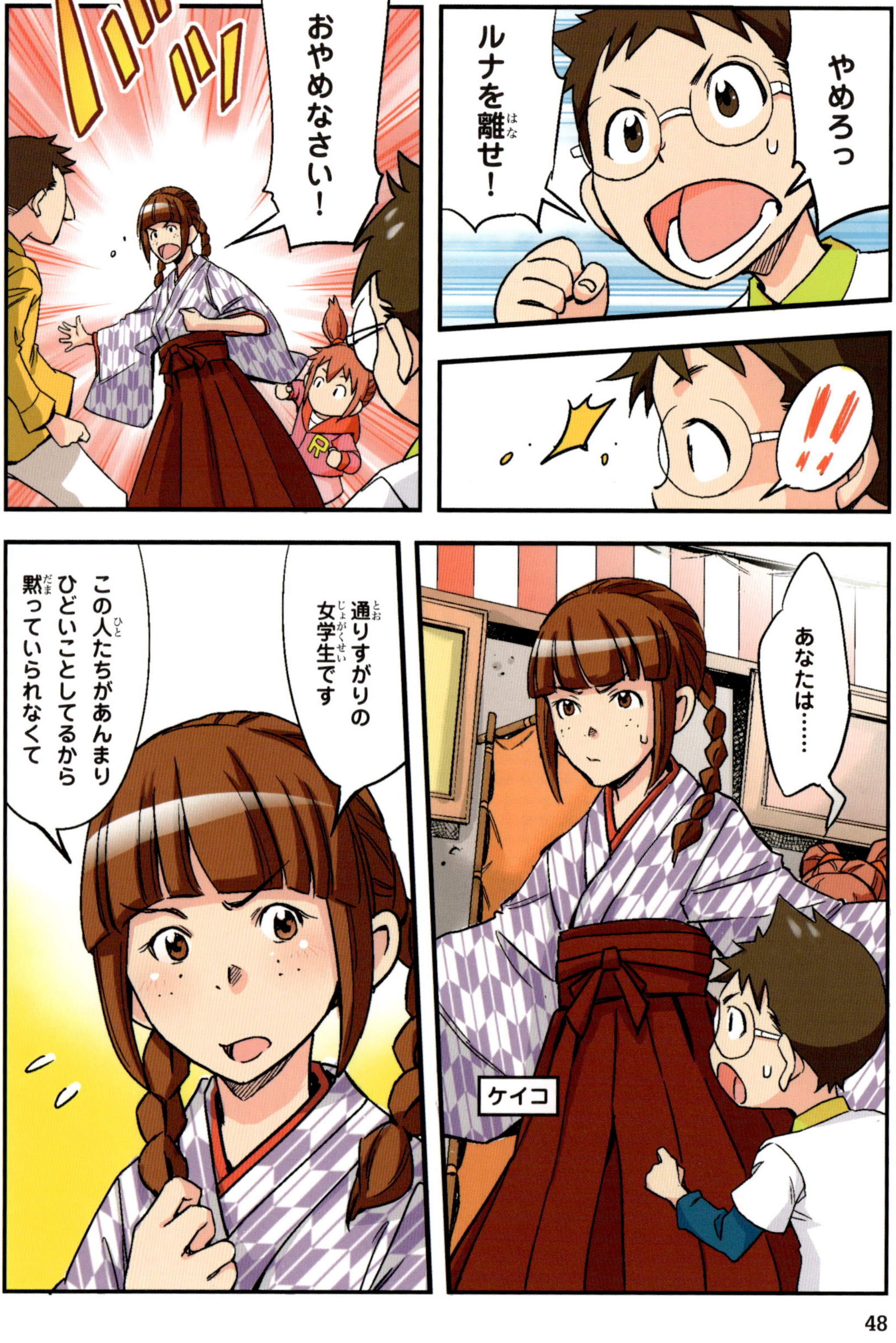
やめろっ
ルナを離《はな》せ！
おやめなさい！
!!
あなたは……
通《とお》りすがりの
女学生《じょがくせい》です
この人《ひと》たちがあんまり
ひどいことしてるから
黙《だま》っていられなくて
ケイコ

あなたたちこんなことして恥《は》ずかしくないんですか?
キッ
いくらお金《かね》を持《も》っていても心《こころ》は貧《まず》しいんですね
もうひとり生意気《なまいき》なのが出《で》てきましたね
グイィッ
女《おんな》や子《こ》どもはおとなしくしてなさい!
きゃあっ……
ザバッ
手《て》を離《はな》しなさい!

あん?
なんだぁ
またおかしなのが出《で》てきやがったな
聞《き》こえないのですか? その手《て》を離《はな》しなさい!
何《なん》と生意気《なまいき》なんでしょう!
女《おんな》は男《おとこ》の言《い》うことを黙《だま》って聞《き》いていればいいんです
いいえ!
決《けっ》してそんなことはありません!
「元始《げんし》女性《じょせい》は実《じつ》に太陽《たいよう》であった」

この言葉《ことば》は……
豊《ゆた》かな才能《さいのう》を持《も》ち情熱《じょうねつ》にあふれている女性《じょせい》は　たくさんいます
でも今《いま》の世《よ》の中《なか》では差別《さべつ》され男性《だんせい》に比《くら》べて才能《さいのう》や情熱《じょうねつ》を発揮《はっき》できずにいる……
これからはそんな差別《さべつ》をなくし女性《じょせい》がいきいきと活躍《かつやく》できる世《よ》の中《なか》にしなくてはなりません！
あなたは……平塚雷鳥先生《ひらつからいちょうせんせい》！
らいちょー？
女性《じょせい》が男性《だんせい》に負《ま》けずに活躍《かつやく》できる世《よ》の中《なか》になるように力《ちから》を尽《つ》くしていらっしゃる方《かた》よ！
平塚雷鳥《ひらつからいちょう》

雷鳥《らいちょう》だかモンシロチョウだか知《し》りませんがあなたには関係《かんけい》のない話《はなし》です！
すっこんでろい！
ビシッ
いいえ引《ひ》っ込《こ》みません
あなたたちのような男性《だんせい》がいるから
ピトッ
女性《じょせい》はいつまでたってもしいたげられたままなのです
そのと〜〜り♪

女性《じょせい》はしとやかに男性《だんせい》を立《た》てていればいい？
グリグ…
そんなのナ〜〜〜ンセンス♪
女性《じょせい》が子《こ》を産《う》むからこそこの社会《しゃかい》がある〜♫
女性《じょせい》が働《はたら》きなおかつ母《はは》としての権利《けんり》が守《まも》られる〜♫
そんな世《よ》の中《なか》になるべきなのよ〜♫

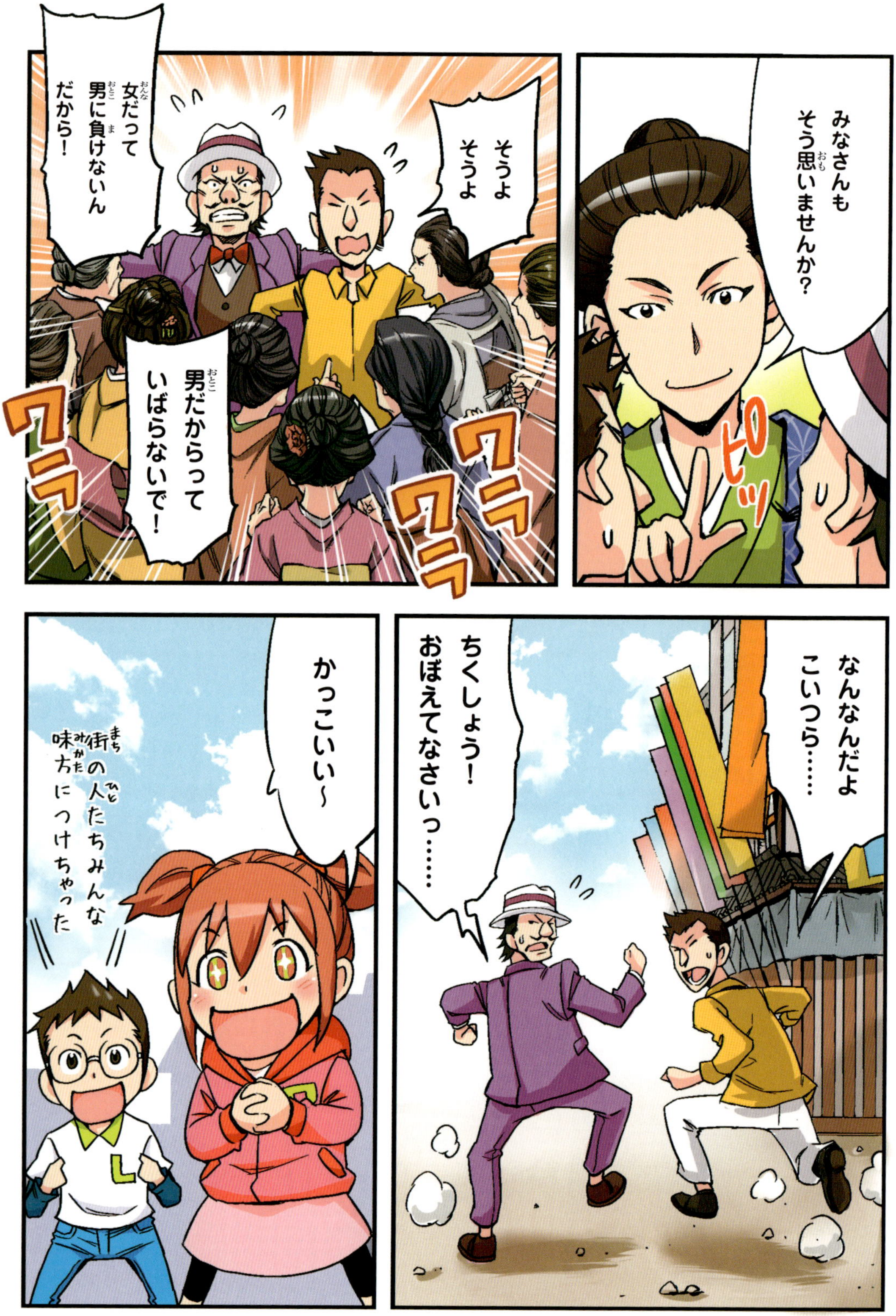
みなさんもそう思《おも》いませんか?
ピッ
女《おんな》だって男《おとこ》に負《ま》けないんだから!
そうよそうよ
男《おとこ》だからっていばらないで!
ワラワラ
ワラワラ
なんなんだよこいつら……
ちくしょう!おぼえてなさいっ……
かっこいい～
街《まち》の人《ひと》たちみんな味方《みかた》につけちゃった

ありがとうございます！ 危《あぶ》ないところを助《たす》けていただいて
ありがとう！
あの……
わたし……雷鳥先生《らいちょうせんせい》のことをとても尊敬《そんけい》しているんです
あなたもとても勇敢《ゆうかん》でしたよ
わたし雷鳥先生《らいちょうせんせい》のようになりたいんです！
ルナもなる～！
ウフフ おもしろい子《こ》たちね！ では これから私《わたし》たちと一緒《いっしょ》に
ちょっと冒険《ぼうけん》しにまいりますか？

TIME WARP memo
歴史《れきし》なるほどメモ③

社会運動《しゃかいうんどう》の高《たか》まり

① 労働者《ろうどうしゃ》たちが団結《だんけつ》した

大正時代《たいしょうじだい》は、社会《しゃかい》の中《なか》で恵《めぐ》まれない立場《たちば》の人《ひと》たちが立《た》ち上《あ》がり、社会運動《しゃかいうんどう》が活発《かっぱつ》になった時代《じだい》です。長《なが》い時間《じかん》、安《やす》い賃金《ちんぎん》で働《はたら》いている労働者《ろうどうしゃ》たちが団結《だんけつ》し、工場《こうじょう》などを経営《けいえい》する資本家《しほんか》たちに対《たい》して待遇改《たいぐうかい》善《ぜん》を要求《ようきゅう》する労働運動《ろうどううんどう》が高《たか》まりました。農村《のうそん》では農《のう》民運動《みんうんどう》も激《はげ》しくなりました。

メーデーを描《えが》いた風刺画《ふうしが》

メーデーとは労働者《ろうどうしゃ》が団結《だんけつ》して権利《けんり》を要求《ようきゅう》する日《ひ》で、毎年《まいとし》5月《がつ》(英語《えいご》で「メイ」) 1日《ついたち》が世界的《せかいてき》にメーデーとされている。日本《にほん》初《はつ》のメーデーは1920(大正《たいしょう》9)年《ねん》に行《おこな》われた。上《うえ》の絵《え》は、たくさんの労働者《ろうどうしゃ》の集会《しゅうかい》を見《み》て、逃《に》げ出《だ》している資本家《しほんか》らの姿《すがた》を描《えが》いている

② 社会主義政党《しゃかいしゅぎせいとう》の誕生《たんじょう》

平等《びょうどう》な社会《しゃかい》の実現《じつげん》をめざす社会主義《しゃかいしゅぎ》の思想《しそう》は、ヨーロッパで生《う》まれて明治時代《めいじじだい》の終《お》わり頃《ごろ》に日本《にほん》にも入《はい》ってきました。社会主義者《しゃかいしゅぎしゃ》は世《よ》の中《なか》を混乱《こんらん》させるとして政《せい》府《ふ》から度重《たびかさ》なる弾圧《だんあつ》を受《う》けますが、1922(大正《たいしょう》11)年《ねん》には日本共産党《にほんきょうさんとう》がひそかに結成《けっせい》されています。

もの知《し》りコラム

「パン・平和《へいわ》・自由《じゆう》」を求《もと》めて ロシアで社会主義革命《しゃかいしゅぎかくめい》

ロシアでは、皇帝《こうてい》に対《たい》する国《こく》民《みん》の不満《ふまん》が高《たか》まり、「パン・平《へい》和《わ》・自由《じゆう》」を求《もと》めて労働者《ろうどうしゃ》たちが立《た》ち上《あ》がりました。これが大《おお》きな力《ちから》となり、第《だい》1次世界大戦《じせかいたいせん》中《ちゅう》に皇帝《こうてい》が倒《たお》されます。そして世界《せかい》で初《はじ》めて、労働者《ろうどうしゃ》たちを中《ちゅう》心《しん》とする社会主義《しゃかいしゅぎ》の政権《せいけん》が生《う》まれました(ロシア革命《かくめい》)。

ロシア革命《かくめい》を指導《しどう》したレーニンの像《ぞう》

③ 女性解放運動《じょせいかいほううんどう》の広《ひろ》がり

当時《とうじ》の世《よ》の中《なか》には、男女差別《だんじょさべつ》の風潮《ふうちょう》がありました。差別《さべつ》をなくすために、女性解放運動《じょせいかいほううんどう》が盛《さか》んになり、女子《じょし》の高等教育《こうとうきょういく》の充実《じゅうじつ》や男女共学《だんじょきょうがく》の実現《じつげん》、政治活動《せいじかつどう》の自由《じゆう》や女性参政権《じょせいさんせいけん》を求《もと》める活動《かつどう》が行《おこな》われました。

大正時代《たいしょうじだい》のキーパーソン 2

「新《あたら》しい女《おんな》」をめざした

平塚雷鳥《ひらつからいちょう》

★生没年《せいぼつねん》 1886～1971年《ねん》

明治《めいじ》～昭和時代《しょうわじだい》の女性解放運動家《じょせいかいほううんどうか》。古《ふる》い習慣《しゅうかん》にしばられない「新《あたら》しい女《おんな》」をめざし、青鞜社《せいとうしゃ》や新婦人協会《しんふじんきょうかい》を設立《せつりつ》した。

「青鞜《せいとう》」の表紙《ひょうし》

平塚雷鳥《ひらつからいちょう》が設立《せつりつ》した青鞜社《せいとうしゃ》が発行《はっこう》した、女性《じょせい》たちだけの手《て》による雑誌《ざっし》。創刊号《そうかんごう》で雷鳥《らいちょう》が「元始《げんし》、女性《じょせい》は実《じつ》に太陽《たいよう》であった」と宣言《せんげん》した

④ 理不尽《りふじん》な差別《さべつ》との闘《たたか》い

古《ふる》くから厳《きび》しい差別《さべつ》を受《う》け続《つづ》けてきた被差別部落《ひさべつぶらく》の人々《ひとびと》は、人間《にんげん》らしく平等《びょうどう》に生《い》きる権利《けんり》を勝《か》ちとろうと部落解放運動《ぶらくかいほううんどう》を進《すす》め、1922（大正《たいしょう》11）年《ねん》には京都《きょうと》で全国水平社《ぜんこくすいへいしゃ》が結成《けっせい》されました。

北海道《ほっかいどう》では、先住民族《せんじゅうみんぞく》のアイヌの人《ひと》たちによる解放運動《かいほううんどう》が起《お》こっています。

全国水平社青年同盟《ぜんこくすいへいしゃせいねんどうめい》の演説会《えんぜつかい》で、差別《さべつ》との闘《たたか》いをうったえる少年《しょうねん》

写真：すべて朝日新聞社

4章《しょう》
演説会《えんぜつかい》で ひと騒《さわ》ぎ

屋外《おくがい》の演説会《えんぜつかい》はよく行《おこな》われていたよ。

東京《とうきょう》・芝公園《しばこうえん》
ガヤ
ガヤガヤガヤ
ガヤ

すごい人《ひと》だかりだね……
ねぇ何《なに》が始《はじ》まるの？
まあ見《み》ていらっしゃい
ゴホン…
お集《あつ》まりの皆《みな》さん！
今《いま》日本《にほん》は大《おお》きな問題《もんだい》を抱《かか》えているのであります……
尾崎行雄《おざきゆきお》
そうだそうだ！
よく言《い》った！

すごい盛《も》り上《あ》がりだなぁ
何《なん》のお祭《まつ》りかな？
ルナもあそこに行《い》く〜〜
きゃー♥
ギャリ
ギャリ
こら！待《ま》てルナ！
すっごい楽《たの》しそうなんだもん！
ルナもあそこでパフォーマンスしたい！
キラキラ
パフォーマンスって……
あの方《かた》は衆議院議員《しゅうぎいんぎいん》の尾崎行雄先生《おざきゆきおせんせい》よ
議員《ぎいん》!?
どんな話《はなし》をしているんですか？

「普通選挙《ふつうせんきょ》」を求《もと》める演説《えんぜつ》よ
普通選挙《ふつうせんきょ》？
かっこいい
今《いま》の法律《ほうりつ》では衆議院議員《しゅうぎいんぎいん》を選《えら》ぶ選挙《せんきょ》はたくさん税金《ぜいきん》を納《おさ》めた 25歳以上《さいいじょう》の男性《だんせい》しか参加《さんか》できないのよ
たくさん税金《ぜいきん》を……
ガハハハ…
ヒヒヒ…
不公平《ふこうへい》だなぁ……それはたしかに大《おお》きな問題《もんだい》だ
そうなの不公平《ふこうへい》なの……
だから不公平《ふこうへい》をなくしてだれもが投票《とうひょう》できる
普通選挙《ふつうせんきょ》を実現《じつげん》しようと尾崎行雄《おざきゆきお》先生《せんせい》たちは活動《かつどう》しているの
そうですよね雷鳥先生《らいちょうせんせい》！
コクリ…

今《いま》……
たくさん税金《ぜいきん》を納《おさ》めた男性《だんせい》しか参加《さんか》できないって言《い》ってましたけど　女性《じょせい》は？
女性《じょせい》には選挙権《せんきょけん》はないわ
たとえ　たくさん税金《ぜいきん》を納《おさ》めていても……
しかも　女性《じょせい》が禁《きん》じられているのは選挙《せんきょ》で投票《とうひょう》することだけじゃないの
選挙
選挙
女性に選挙権を
デモに参加《さんか》したり
演説《えんぜつ》を聴《き》きにきたりするだけで逮捕《たいほ》されてしまう
逮捕《たいほ》って・・・
そんな……

シャキーーン
だから私《わたし》たちはそんな世《よ》の中《なか》を変《か》えるための運動《うんどう》をしているの
雷鳥先生《らいちょうせんせい》素晴《すば》らしいです！
かっこいいーっ
あれっ!? でも……
演説《えんぜつ》を聴《き》くのがダメって……
こんなところにいたら雷鳥《らいちょう》さんもケイコさんもつかまっちゃうんじゃ……
ザッ
こら！おまえたち！

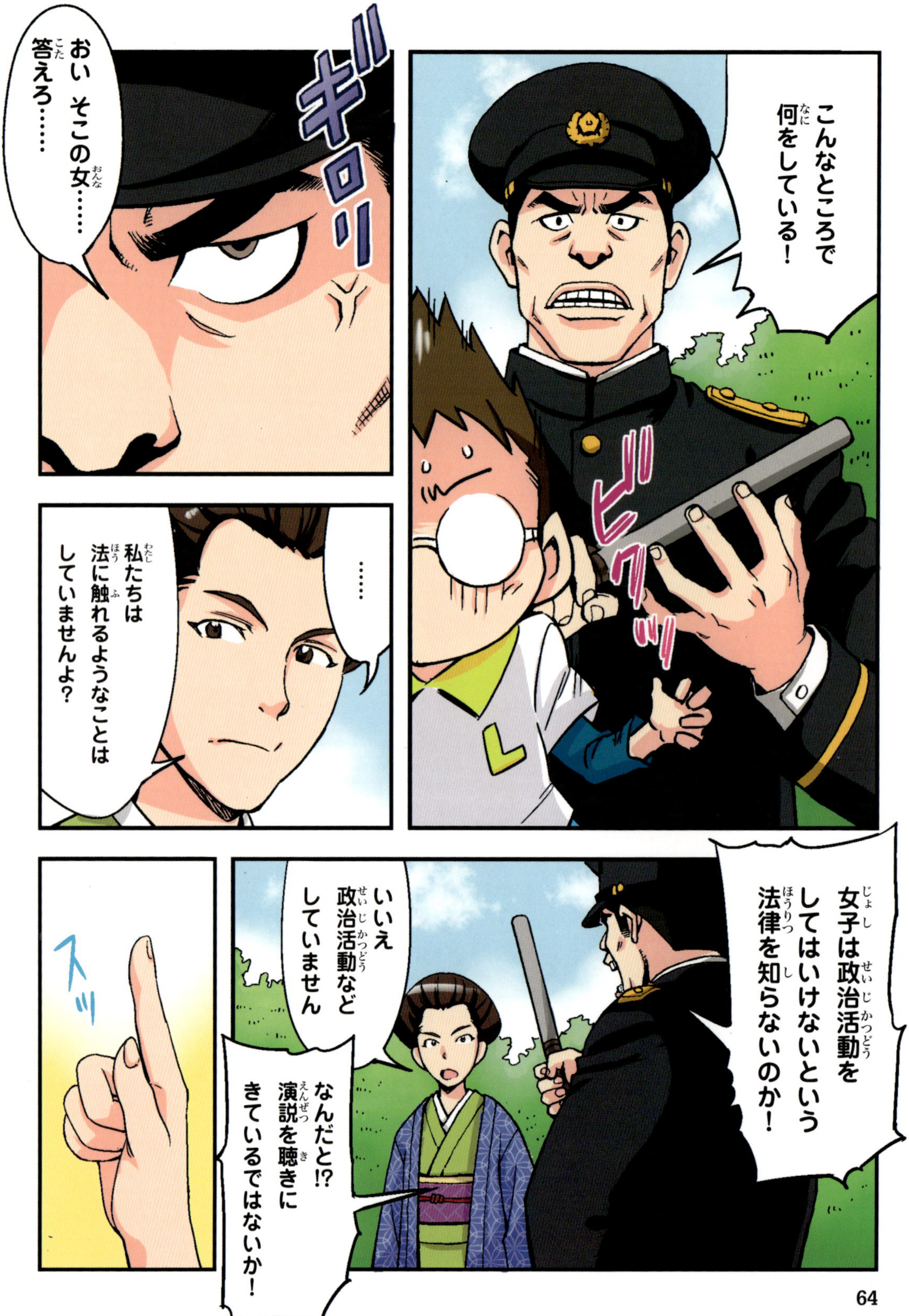
こんなところで何《なに》をしている!
ビクッ
ギロリ
おい そこの女《おんな》…… 答《こた》えろ……
……
私《わたし》たちは法《ほう》に触《ふ》れるようなことはしていませんよ?
女子《じょし》は政治活動《せいじかつどう》をしてはいけないという法律《ほうりつ》を知《し》らないのか!
いいえ 政治活動《せいじかつどう》などしていません
なんだと!? 演説《えんぜつ》を聴《き》きにきているではないか!
スッ

あら 演説《えんぜつ》を聴《き》きにきているのは あちらに 集《あつ》まっている人《ひと》たちです
ピッ
何《なに》っ！
私《わたし》たちは ただの通《とお》りすがり
たまたまここに いるだけなんですの
何《なに》か 問題《もんだい》でも？
ぐぬぬぬ…… 屁理屈《へりくつ》を こねおって～
なるほどね……
雷鳥《らいちょう》さん 頭《あたま》いいな！ なー ルナ！
アレ？
ルナ!?
ルナが いない……
ザワ ザワ

ヒャッホーッ!!
ルナのダンスを見《み》てーっ！
レーう!!
YHA♥
HA♥
ルナー!?
はっはっはっ
なんか おもしろいのが
出《で》てきたぞ
ワーワー
ルナったら
何《なに》やってんだよ
〜〜〜!
ひえええええ

いきなりでびっくりしたが
いや〜お嬢《じょう》ちゃん大《たい》したもんだ！
へへへ…
ルナそんなことやめて降《お》りてきなさい！
お兄《にい》ちゃん！
ガッ
わっ！
おまえ！
こっちへ来《こ》い！
グイッ
女子《じょし》の政治活動《せいじかつどう》は認《みと》められん！
えーっ!?
まだ ダンス終《お》わってないよっ！

君《きみ》！離《はな》しなさい！
女子《じょし》といっても まだ幼《おさな》い 子《こ》どもではないか！
こんなか弱《よわ》い 子《こ》どもまで つかまえるとは 言語道断《ごんごどうだん》！
ガリガリ ガリガリ
コラ！痛《いた》い痛《いた》い！
う～ん か弱《よわ》くはないな……
だいたい この子《こ》は 踊《おど》っただけじゃ！
政治活動《せいじかつどう》など してはおらん！
そうだ そうだ
ひっこめ～～っ
帰《かえ》れ！
ワー ワー ワー
こらっ！ やめなさい……
よし ルナ 今《いま》のうちだ……
帰《かえ》れ！

ふう……
危《あぶ》なかった……
ね？
ちょっとした
冒険《ぼうけん》だった
でしょう？
あなた！
踊《おど》りが上手《じょうず》ね！
それに
度胸《どきょう》も
元気《げんき》もあるのね！
あなたのような
女性《じょせい》が出《で》てきて
くれたとは
頼《たの》もしいわ！
でも
もうちょっと
ダンスしたかった！
グ～～
あら？
踊《おど》り疲《つか》れて
おなかが減《へ》っちゃった
のかしら

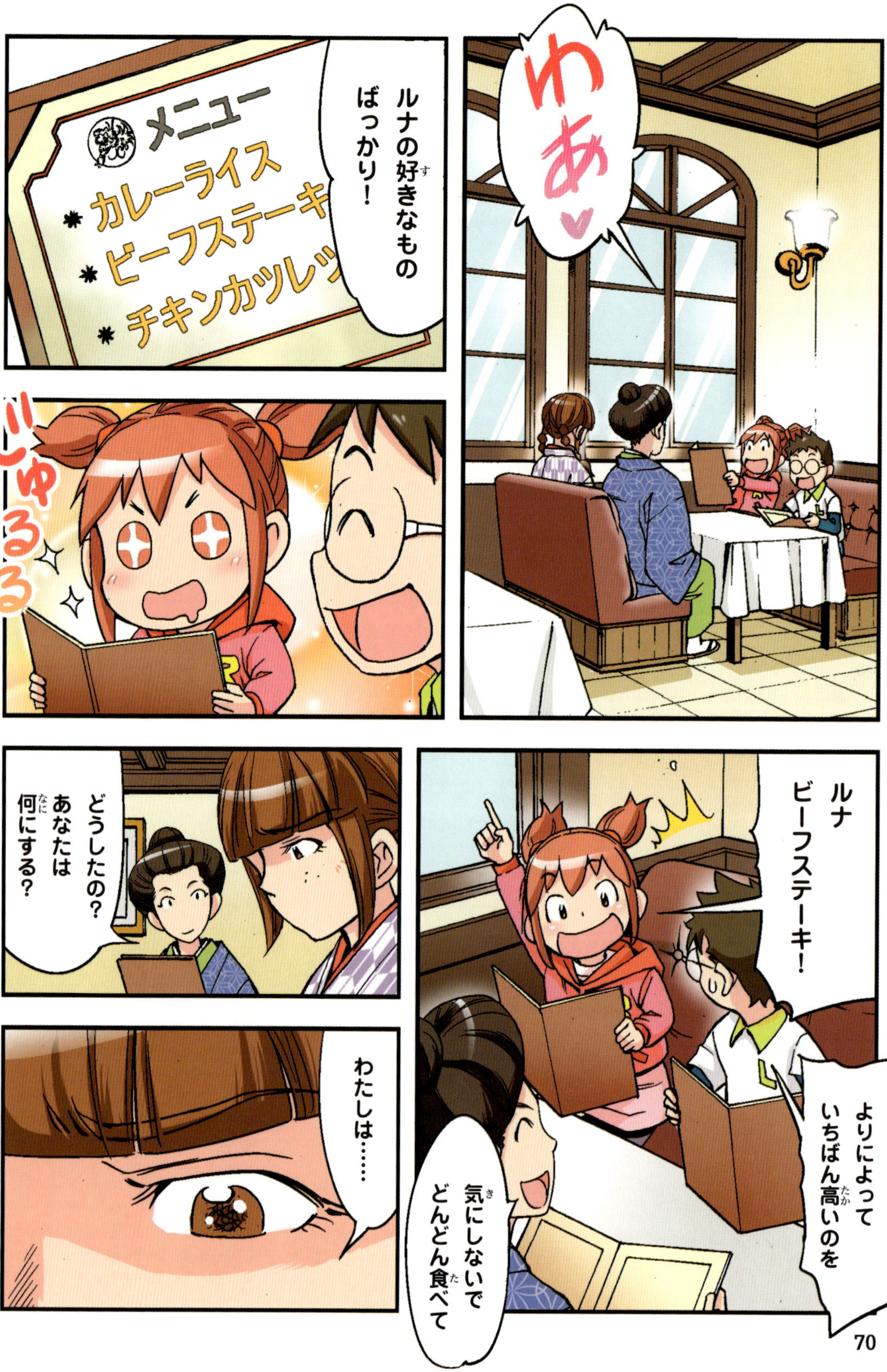
わあ♥
メニュー
カレーライス
ビーフステーキ
チキンカツレツ
ルナの好《す》きなもの
ばっかり!
じゅるる
ルナ
ビーフステーキ!
こら!
よりによって
いちばん高《たか》いのを
気《き》にしないで
どんどん食《た》べて
どうしたの?
あなたは
何《なに》にする?
わたしは……

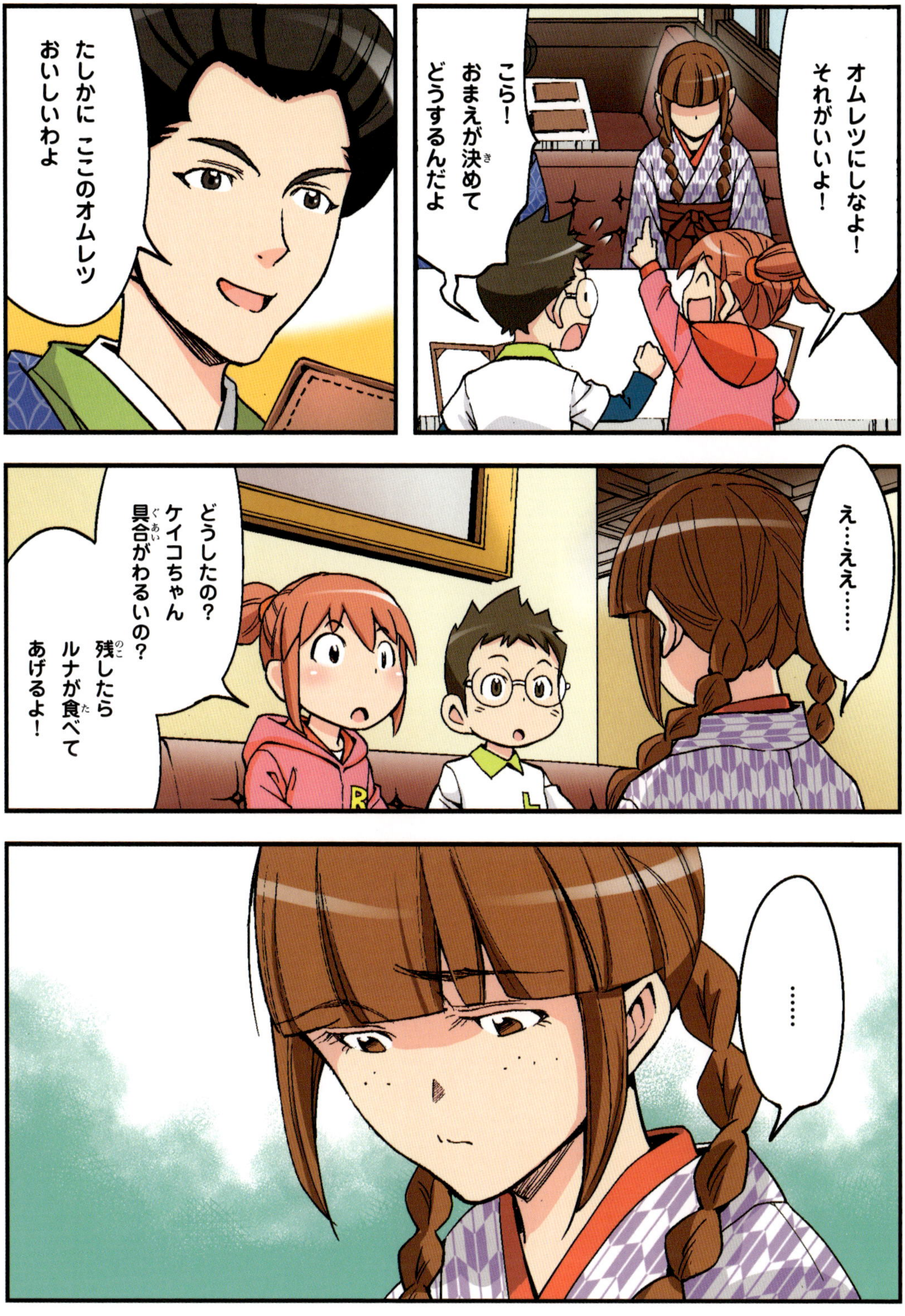
オムレツにしなよ！ それがいいよ！
こら！ おまえが決《き》めて どうするんだよ
たしかに ここのオムレツ おいしいわよ
え…ええ……
どうしたの？ ケイコちゃん 具合《ぐあい》がわるいの？ 残《のこ》したら ルナが食《た》べて あげるよ！
……

TIME WARP memo
歴史《れきし》なるほどメモ④

普通選挙運動《ふつうせんきょうんどう》の広《ひろ》がり

① 納税額《のうぜいがく》にかかわらず選挙権《せんきょけん》を！

大正時代《たいしょうじだい》には、国民《こくみん》の意見《いけん》を政治《せいじ》に反映《はんえい》すべきだという民主主義《みんしゅしゅぎ》の考《かんが》え方《かた》が広《ひろ》まりました。これを大正《たいしょう》デモクラシーといいます。

しかし、当時《とうじ》、選挙権《せんきょけん》があったのは一定《いってい》の税金《ぜいきん》を納《おさ》める25歳《さい》以上《いじょう》の男子《だんし》だけでした。そこで、納税《のうぜい》した額《がく》にかかわらず選挙権《せんきょけん》が与《あた》えられる普通選挙《ふつうせんきょ》を求《もと》める運動《うんどう》が始《はじ》まりました。

大正時代《たいしょうじだい》のキーパーソン 3

日本《にほん》の民主主義《みんしゅしゅぎ》の父《ちち》

吉野作造《よしのさくぞう》

★生没年《せいぼつねん》 1878～1933年《ねん》
大正《たいしょう》、昭和時代《しょうわじだい》の政治学者《せいじがくしゃ》。民本主義《みんぽんしゅぎ》（現在《げんざい》の民主主義《みんしゅしゅぎ》）を唱《とな》える論文《ろんぶん》を発表《はっぴょう》し、大正《たいしょう》デモクラシーのさきがけとなった。

人《ひと》がいっぱいだわ！

普通選挙《ふつうせんきょ》を求《もと》めるデモ
1919（大正《たいしょう》8）年《ねん》、普通選挙《ふつうせんきょ》を求《もと》める大勢《おおぜい》のデモ隊《たい》が帝国議会議事堂《ていこくぎかいぎじどう》（上《うえ》）につめかけた

②普通選挙法《ふつうせんきょほう》の成立《せいりつ》

普通選挙《ふつうせんきょ》を求《もと》める運動《うんどう》は全国《ぜんこく》に広《ひろ》がり、各地《かくち》で大《だい》規模《きぼ》なデモなどが行《おこな》われました。そんな国民《こくみん》の声《こえ》に押《お》される形《かたち》で、1925（大正《たいしょう》14）年《ねん》に普通選挙法《ふつうせんきょほう》が成《せい》立《りつ》し、納税《のうぜい》した額《がく》にかかわらず、25歳以上《さいいじょう》のすべての男子《だんし》に選挙権《せんきょけん》が与《あた》えられました。ただし、女子《じょし》には認《みと》められませんでした。

ただ、同時《どうじ》に治安維持法《ちあんいじほう》も制定《せいてい》されて、社会主義《しゃかいしゅぎ》者《しゃ》などへの取《と》り締《し》まりがより厳《きび》しくなりました。

大正時代《たいしょうじだい》のキーパーソン 4

普通選挙実現《ふつうせんきょじつげん》に力《ちから》を尽《つ》くした

尾崎行雄《おざきゆきお》

★生没年《せいぼつねん》 1858～1954年《ねん》

明治《めいじ》～昭和時代《しょうわじだい》の政治家《せいじか》。普通選挙実現《ふつうせんきょじつげん》に力《ちから》を尽《つ》くした。文部大臣《もんぶだいじん》や東京市長《とうきょうしちょう》を務《つと》め、60年間《ねんかん》も衆議院議員《しゅうぎいんぎいん》として活躍《かつやく》した。

もの知《し》りコラム

初《はつ》の普通選挙《ふつうせんきょ》は大盛《おおも》り上《あ》がり

普通選挙法《ふつうせんきょほう》の成立《せいりつ》から3年後《ねんご》の1928（昭和《しょうわ》3）年《ねん》2月《がつ》、衆議院議員《しゅうぎいんぎいん》を選《えら》ぶ初《はじ》めての普通選挙《ふつうせんきょ》が行《おこな》われました。選挙権《せんきょけん》を待《ま》ちわびた人《ひと》たちがたくさん投票所《とうひょうじょ》におしかけて、大《おお》いに盛《も》り上《あ》がりました。

候補者《こうほしゃ》の「畑桃作《はたももさく》」氏《し》のポスター

畑氏《はたし》は、群馬《ぐんま》2区《く》で日《に》本農民党《ほんのうみんとう》から立候補《りっこうほ》した。この選挙《せんきょ》では落選《らくせん》したが、4年後《ねんご》に当選《とうせん》している

投票所《とうひょうじょ》に行列《ぎょうれつ》する人々《ひとびと》

東京府《とうきょうふ》東京市本郷区《とうきょうしほんごうく》（現在《げんざい》の東京都文京区《とうきょうとぶんきょうく》）の投票所《とうひょうじょ》にて

投票《とうひょう》を呼《よ》びかけるポスター

写真：すべて朝日新聞社

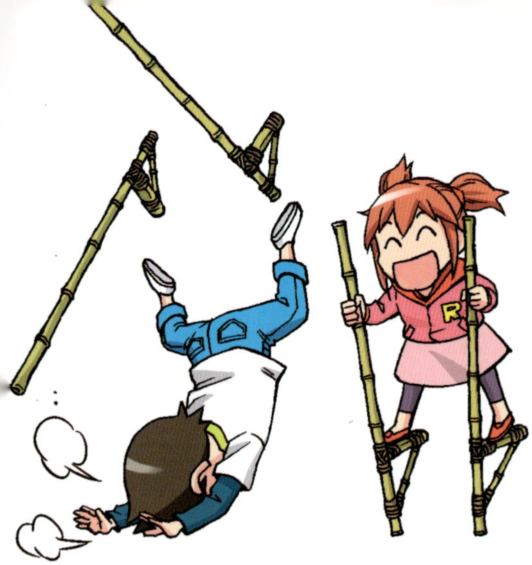

5章《しょう》 おもしろい遊《あそ》びがいっぱい！

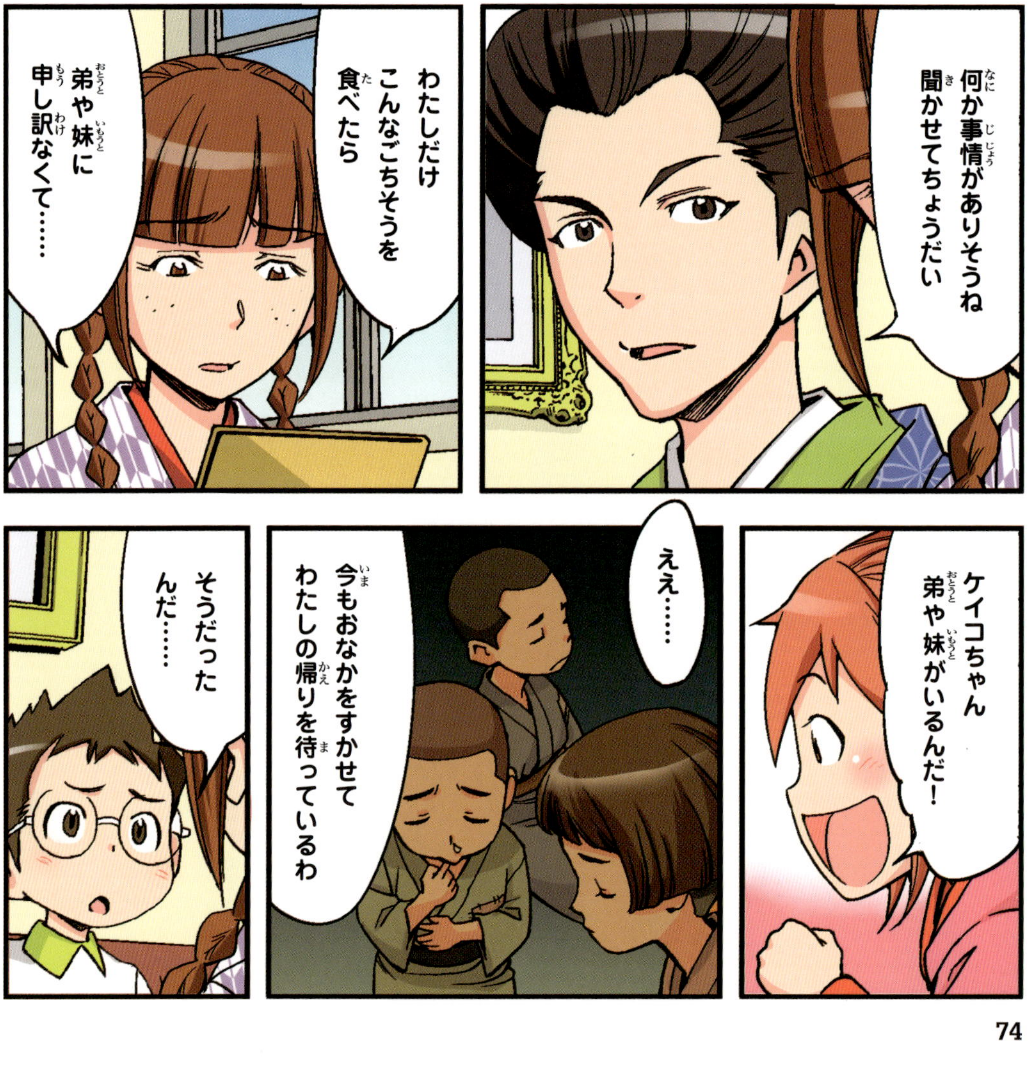
何《なに》か事情《じじょう》がありそうね
聞《き》かせてちょうだい
わたしだけ こんなごちそうを 食《た》べたら
弟《おとうと》や妹《いもうと》に 申《もう》し訳《わけ》なくて……
ケイコちゃん 弟《おとうと》や妹《いもうと》がいるんだ！
ええ……
今《いま》もおなかをすかせて わたしの帰《かえ》りを待《ま》っているわ
そうだった んだ……

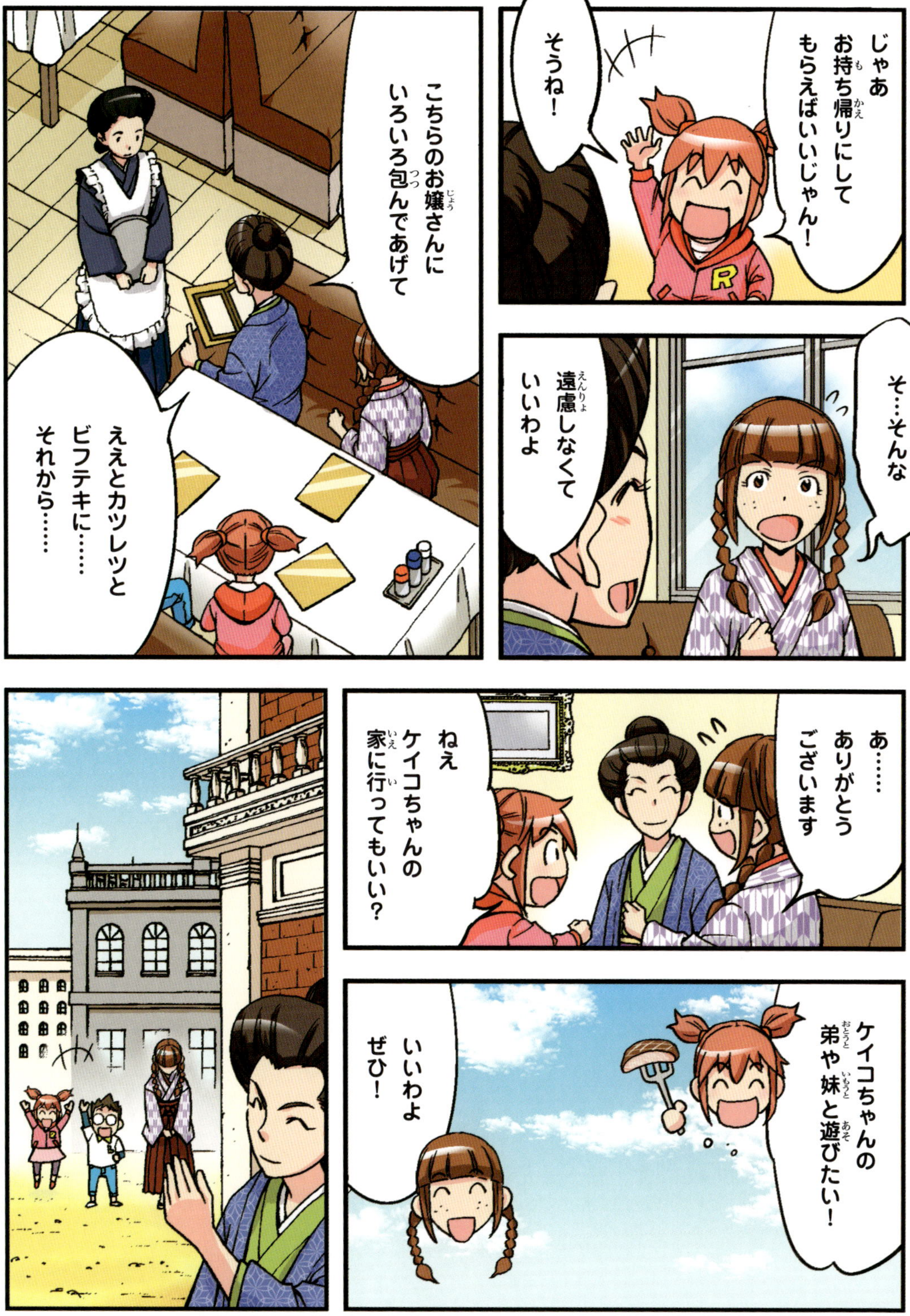
じゃあ お持《も》ち帰《かえ》りにしてもらえばいいじゃん!
そうね!
そ…そんな
遠慮《えんりょ》しなくていいわよ
こちらのお嬢《じょう》さんにいろいろ包《つつ》んであげて
ええとカツレツとビフテキに……それから……
あ……ありがとうございます
ねえ ケイコちゃんの家《いえ》に行《い》ってもいい?
ケイコちゃんの弟《おとうと》や妹《いもうと》と遊《あそ》びたい!
いいわよ ぜひ!

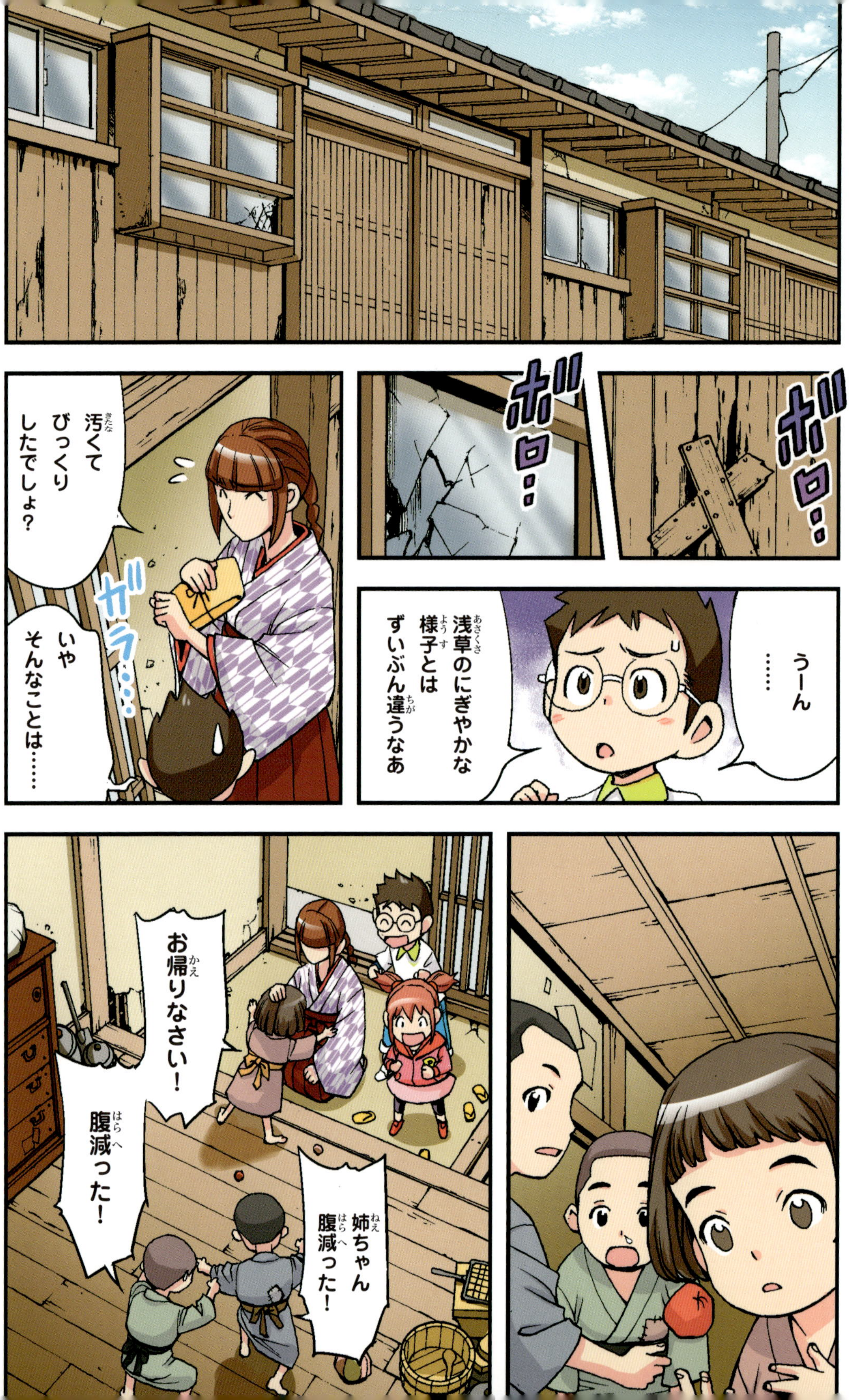
ボロ‥
ボロ‥
うーん……
浅草《あさくさ》のにぎやかな様子《ようす》とはずいぶん違《ちが》うなあ
汚《きたな》くてびっくりしたでしょ?
ガラ…
いや そんなことは……
お帰《かえ》りなさい!
腹減《はらへ》った!
姉《ねえ》ちゃん腹減《はらへ》った!

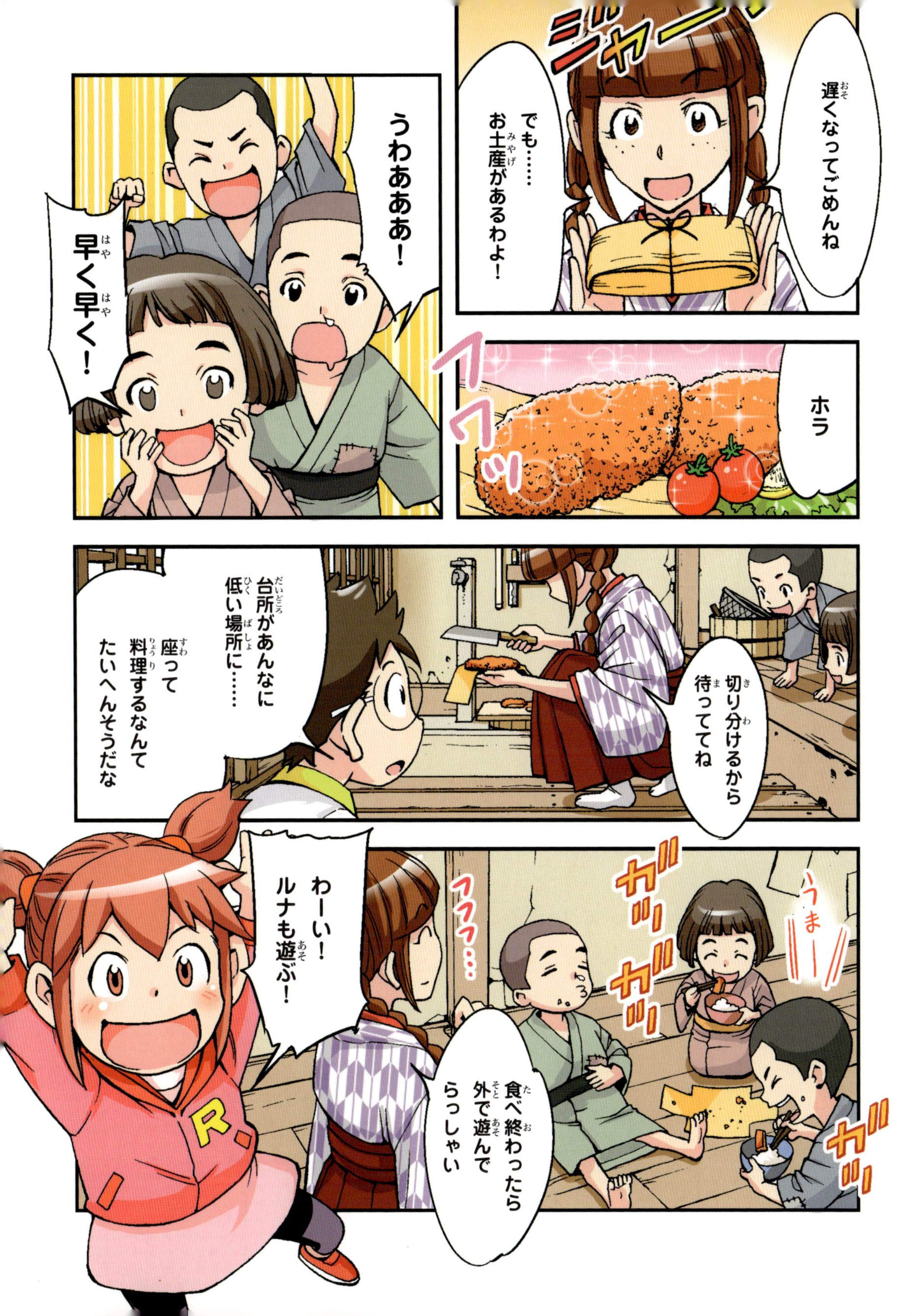

ジャー
遅《おそ》くなってごめんね
でも……お土産《みやげ》があるわよ！
ホラ
フワッ
うわあああ！
早《はや》く早《はや》く！
切《き》り分《わ》けるから待《ま》っててね
台所《だいどころ》があんなに低《ひく》い場所《ばしょ》に……
座《すわ》って料理《りょうり》するなんてたいへんそうだな
うまー
ガツガツ
フフフ…
食《た》べ終《お》わったら外《そと》で遊《あそ》んでらっしゃい
わーい！ルナも遊《あそ》ぶ！

けん玉《だま》
お手玉《てだま》
うわぁ 楽《たの》しそう!
これが大正時代《たいしょうじだい》の遊《あそ》びかあっ!

輪回《わまわ》し
石蹴《いしけ》り
竹馬《たけうま》
ベーゴマ

ルナ あれやりたい！
お兄《にい》ちゃんもやろうよ！
いや
ぼくはちょっと……
大丈夫《だいじょうぶ》！
やろう！
やろう！
ほっ
見《み》て見《み》て
できた！
ト…
ルナちゃん
すご——い！
おりょ
グラッ
!!
うわわわ〜〜っ
ズデ——ン
ムギュ〜？

ははははは
きゃははは
おんもしろ〜〜〜い
ルナ
絶対《ぜったい》できるようになってやるんだから!
ガンバレ
ガンバレ
ひ〜〜〜
難《むずか》し〜〜い
ほら!
どう?
秘技《ひぎ》・片足《かたあし》乗《の》り〜〜〜
スゴイでしょーっ!
ウヒ〜〜
ぼくはダメだ〜〜〜

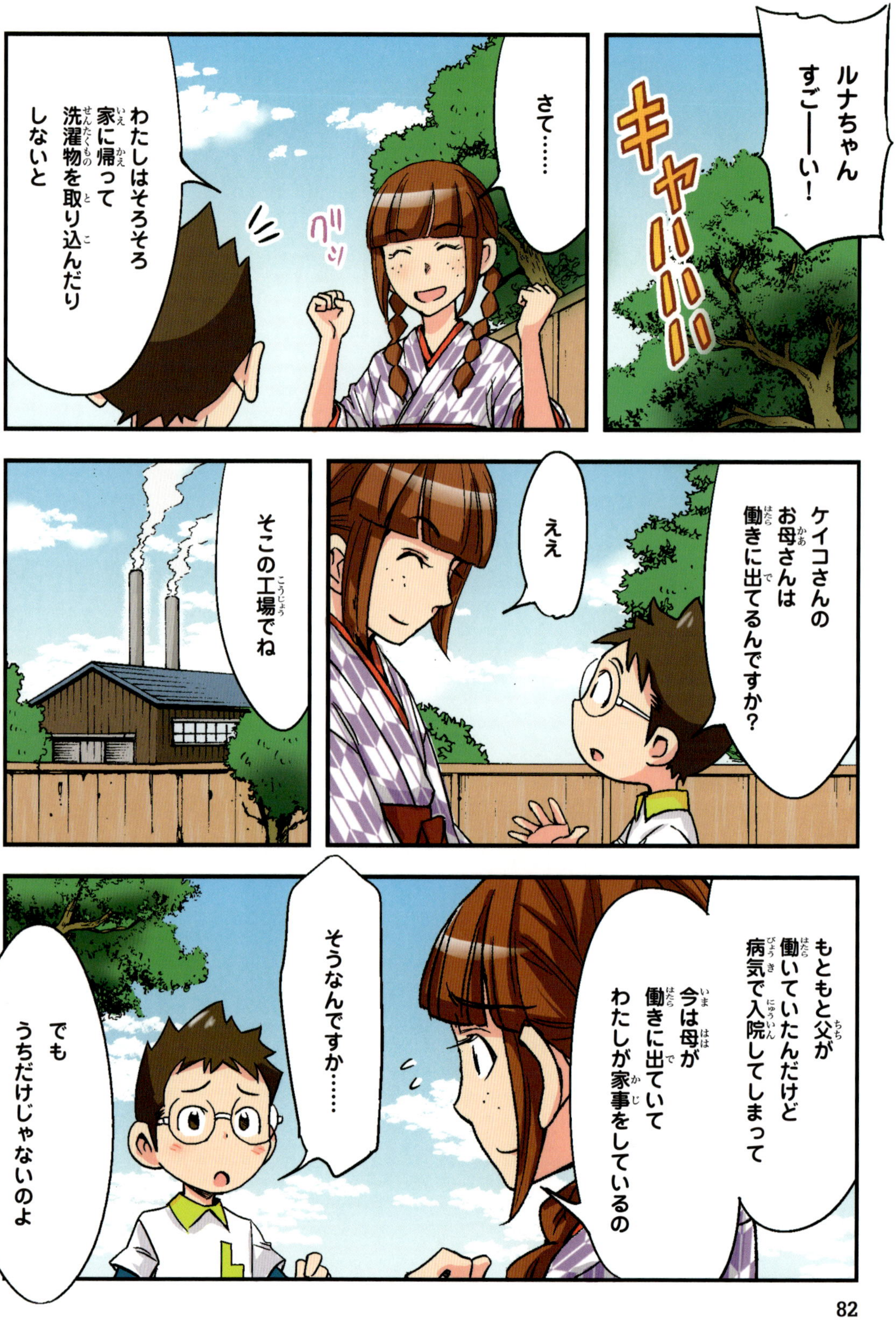
ルナちゃん すご——い！
キャハハハハ
さて……
グッ
わたしはそろそろ家《いえ》に帰《かえ》って洗濯物《せんたくもの》を取《と》り込《こ》んだりしないと
ケイコさんのお母《かあ》さんは働《はたら》きに出《で》てるんですか？
ええ
そこの工場《こうじょう》でね
もともと父《ちち》が働《はたら》いていたんだけど病気《びょうき》で入院《にゅういん》してしまって
今《いま》は母《はは》が働《はたら》きに出《で》ていてわたしが家事《かじ》をしているの
そうなんですか……
でもうちだけじゃないのよ

この長屋《ながや》に住《す》んでいるのは貧乏《びんぼう》な人《ひと》ばかり でもみんな一生懸命《いっしょうけんめい》働《はたら》いている
だから あの成金《なりきん》みたいにお金《かね》を粗末《そまつ》にする人《ひと》たちを見《み》ると黙《だま》っていられないのよ
……
ところで……
あなたたちの家《いえ》はどこなの?
そうだった……!
ぼくたちも家《いえ》に帰《かえ》る方法《ほうほう》を考《かんが》えないと……
あ! ええとちょっと説明《せつめい》するのが難《むずか》しいんですけど……
……何《なに》か事情《じじょう》がありそうね 力《ちから》になれそうなことがあったら遠慮《えんりょ》なく言《い》ってね
ルナちゃん! また遊《あそ》ぼうぜ!
うん!!

さて 帰《かえ》るとは言《い》ったものの どうしたら帰《かえ》れるのか ……
う〜ん…
またエレベーターに 乗《の》れば帰《かえ》れるんじゃ ないの?
そうか! よし! 凌雲閣《りょううんかく》に 行《い》ってみよう!
東京《とうきょう》タワーの エレベーターから 大正時代《たいしょうじだい》の凌雲閣《りょううんかく》に タイムワープ したということは
きっとこの場所《ばしょ》に 元《もと》の時代《じだい》に戻《もど》る 秘密《ひみつ》があるはずだ

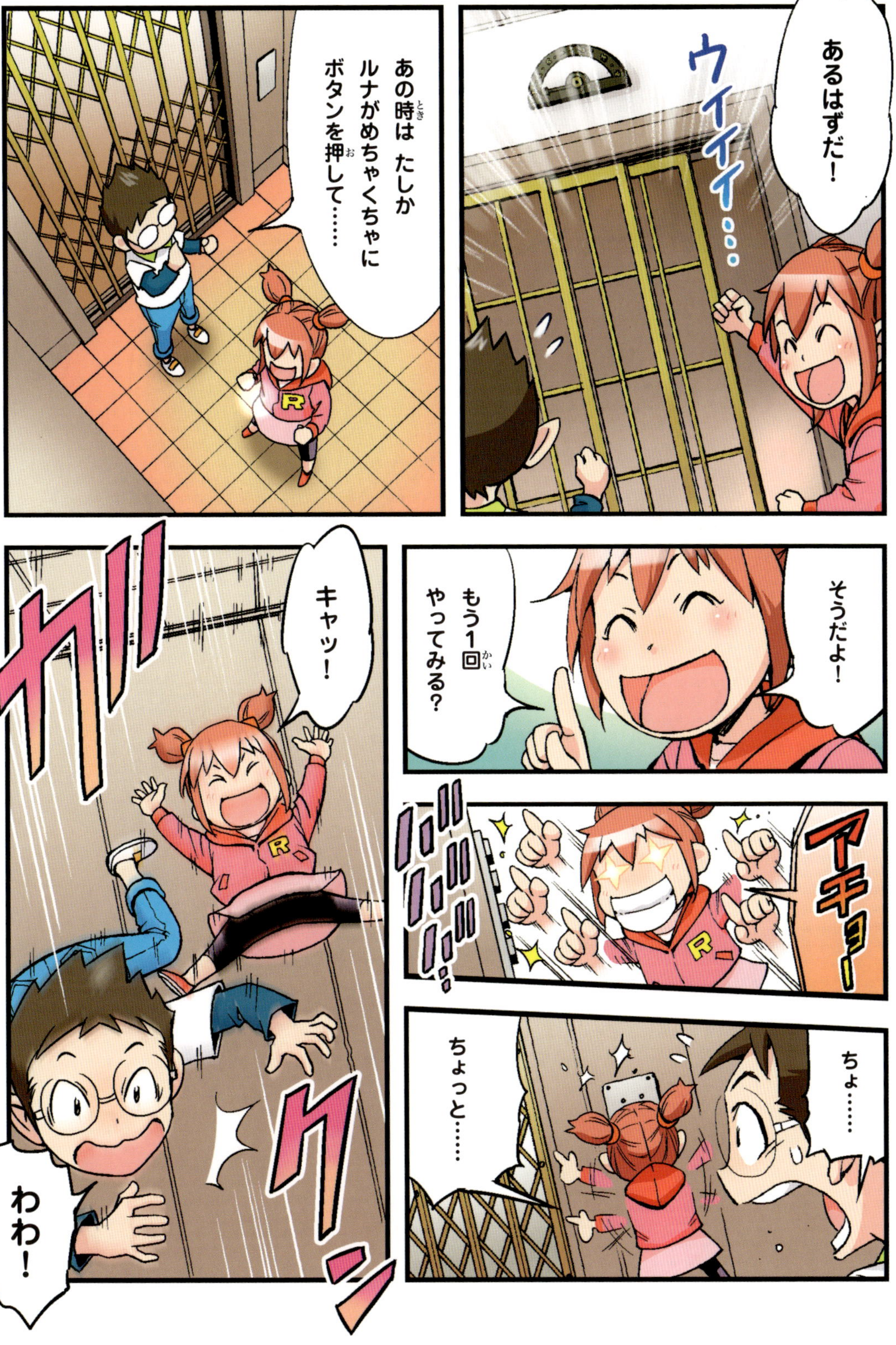

ウイイイ・・・
あるはずだ！
あの時《とき》は　たしか
ルナがめちゃくちゃに
ボタンを押《お》して……
そうだよ！
もう1回《かい》
やってみる？
アチョー
ちょ……
ちょっと……
ガクン
キャッ！
わわ！

キャハハハ
ゴッ
※!?×ロ……
うゎ〜〜…
チーン

プシュ〜…
またこれ〜
ウィィイ…
今度《こんど》もタイムワープしたのかな……
元《もと》の時代《じだい》に戻《もど》っているといいね……
……いや
凌雲閣《りょううんかく》のままみたいだ……
とにかく外《そと》に出《で》てみよう!
待《ま》てよ……
タタタ…
お兄《にい》ちゃんたいへんーっ!!
どうした?
ルナ!

こ…これは……
どうしたんだ!? 浅草《あさくさ》の街《まち》が……
建物《たてもの》がみんな壊《こわ》れてる……

ヒョオオオオオ
いったい
何《なに》があったんだ!?

TIME WARP memo
歴史なるほどメモ⑤

大正時代の子どもは何をして遊んだ？

経済が発展していろいろな娯楽が生まれた大正時代には、子どもたちもさまざまな遊びを楽しむようになりました。その様子を紹介しましょう。

駄菓子屋

大正時代の駄菓子屋の様子の再現。食べ物や飲み物だけでなくおもちゃも売っていて、店の前はいつも子どもたちでにぎわっていた。

写真：下町風俗資料館

スケーター（大正スケート）

片足で乗り、もう片方の足で地面をけって進む。現在のキックスケーター。大正時代に木製のものが大流行し、その後も時々ブームが訪れている

兵庫県立歴史博物館蔵

キューピー人形

アメリカ生まれのキューピーは、1913（大正2）年から日本でも人形がつくられて、子どもたちの間で大人気になった

兵庫県立歴史博物館蔵

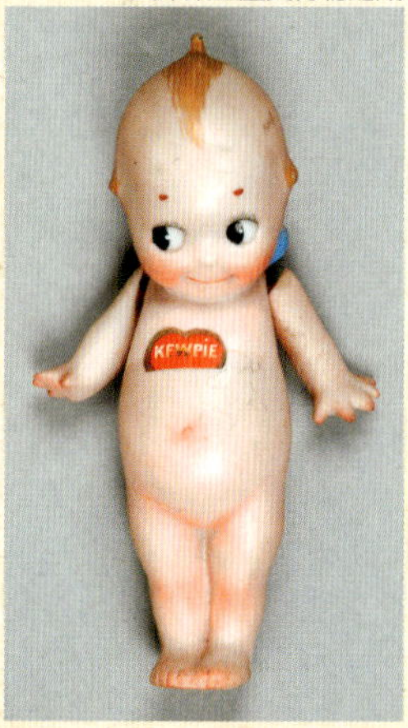

双六《すごろく》

マンガ雑誌《ざっし》などに付録《ふろく》でついてくる双六《すごろく》も、子《こ》どもたちに人《にん》気《き》があった。上《うえ》の「少女通学《しょうじょつうがく》すごろく」は当時《とうじ》の女《おんな》の子《こ》の普《ふ》段《だん》の生活《せいかつ》の様子《ようす》を、右《みぎ》の「幼年戦争双六《ようねんせんそうすごろく》」は、当時《とうじ》はやっていた兵隊《へいたい》ごっこの様子《ようす》を描《えが》いている。

東京都立中央図書館 特別文庫室蔵

6章《しょう》
関東大震災《かんとうだいしんさい》直後《ちょくご》の街《まち》で

このあたり活動写真館《かつどうしゃしんかん》があったと思《おも》うんだけど
あそこは遊園地《ゆうえんち》だったんじゃ?

ヒュウウウウウウ…
何《なに》もかも
なくなっちゃった
みんな あそこに
避難《ひなん》してるみたいだ
ガヤガヤ
行《い》ってみよう

おお! 生《い》きてたか! おまえ
おまえも よく無事《ぶじ》だったな!
でっかい地震《じしん》だった もんな
でっかい地震《じしん》……
関東大震災《かんとうだいしんさい》だ……!
?
それ何《なに》?

大正時代《たいしょうじだい》にあった
大《おお》きな地震《じしん》だよ
揺《ゆ》れただけではなくて
火事《かじ》も起《お》きて
何十万《なんじゅうまん》もの建物《たてもの》が
失《うしな》われたんだ……
東京《とうきょう》や横浜《よこはま》の被害《ひがい》が
特《とく》に大《おお》きかったそうだよ

そんなに
たくさん……！
地震《じしん》が起《お》きたのは たしか
1923年《ねん》の9月1日《がつついたち》
ケイコさんたちに
会《あ》ったのは
1919年《ねん》だったから…
あれから4年後《ねんご》の世界《せかい》に
来《き》たっていうことか

もう一度《いちど》タイムワープしたら きっと元《もと》の時代《じだい》に 戻《もど》れると思《おも》ったのに
こんなにたいへんな時代《じだい》に 来《き》てしまうなんて
もしかしたら このまま 戻《もど》れないかも……
お兄《にい》ちゃん……
……
家《いえ》はつぶれちまったよ
オレんちは 火事《かじ》でやられた
奥《おく》さんや子《こ》どもは?
無事《ぶじ》だったよ
そうか それはよかった
うちも家族《かぞく》は みんな無事《ぶじ》でよ
まぁ 家《いえ》はなくなっちまったが 家族全員《かぞくぜんいん》 命《いのち》が助《たす》かっただけでも ありがてえや

ちげえねえ
壊《こわ》れたものは直《なお》しゃいいんだ!
こんなにひどいめにあったのにみんな前《まえ》を向《む》いて歩《ある》き始《はじ》めているんだ
ぼくたちも負《ま》けちゃいられない
そうだ!負《ま》けちゃいられない!
よし
とりあえず凌雲閣《りょううんかく》に戻《もど》ってみよう
元《もと》の時代《じだい》に帰《かえ》る方法《ほうほう》を探《さが》そう!
探《さが》そう!

ガヤ
ガヤ
ガヤ
あれ？
何《なに》があったんだろう？
人《ひと》がいっぱいいるね

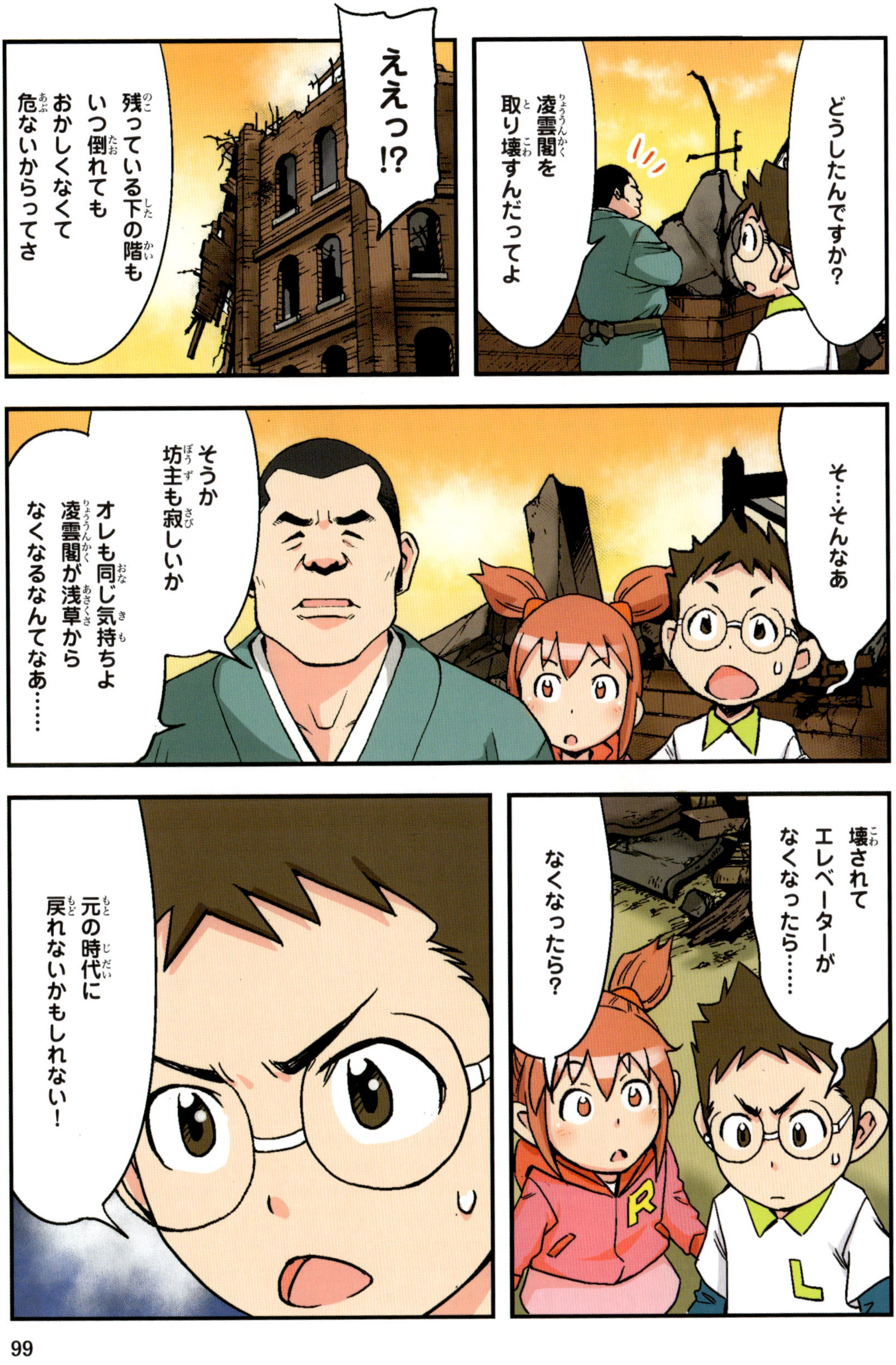
どうしたんですか?
凌雲閣《りょううんかく》を取《と》り壊《こわ》すんだってよ
ええっ!?
残《のこ》っている下《した》の階《かい》もいつ倒《たお》れてもおかしくなくて危《あぶ》ないからってさ
そ…そんなぁ
そうか坊主《ぼうず》も寂《さび》しいか
オレも同《おな》じ気持《きも》ちよ 凌雲閣《りょううんかく》が浅草《あさくさ》からなくなるなんてなぁ……
壊《こわ》されてエレベーターがなくなったら……
なくなったら?
元《もと》の時代《じだい》に戻《もど》れないかもしれない!

ダダッ
コラ！
君《きみ》たち
何《なに》をしている！
危《あぶ》ないぞ！
ダダダ…
待《ま》て待《ま》て！
うわ！
お兄《にい》ちゃん！
ルナッ
ドン
のあっ
ごめん
なさい！

!!
お兄《にい》ちゃん！ありがとう！
そ〜〜〜〜っ…
お兄《にい》ちゃん！早《はや》く！
えいっ
スカッ
グル
ホントにすみません！
おじさんごめんね
ブッ
どっ

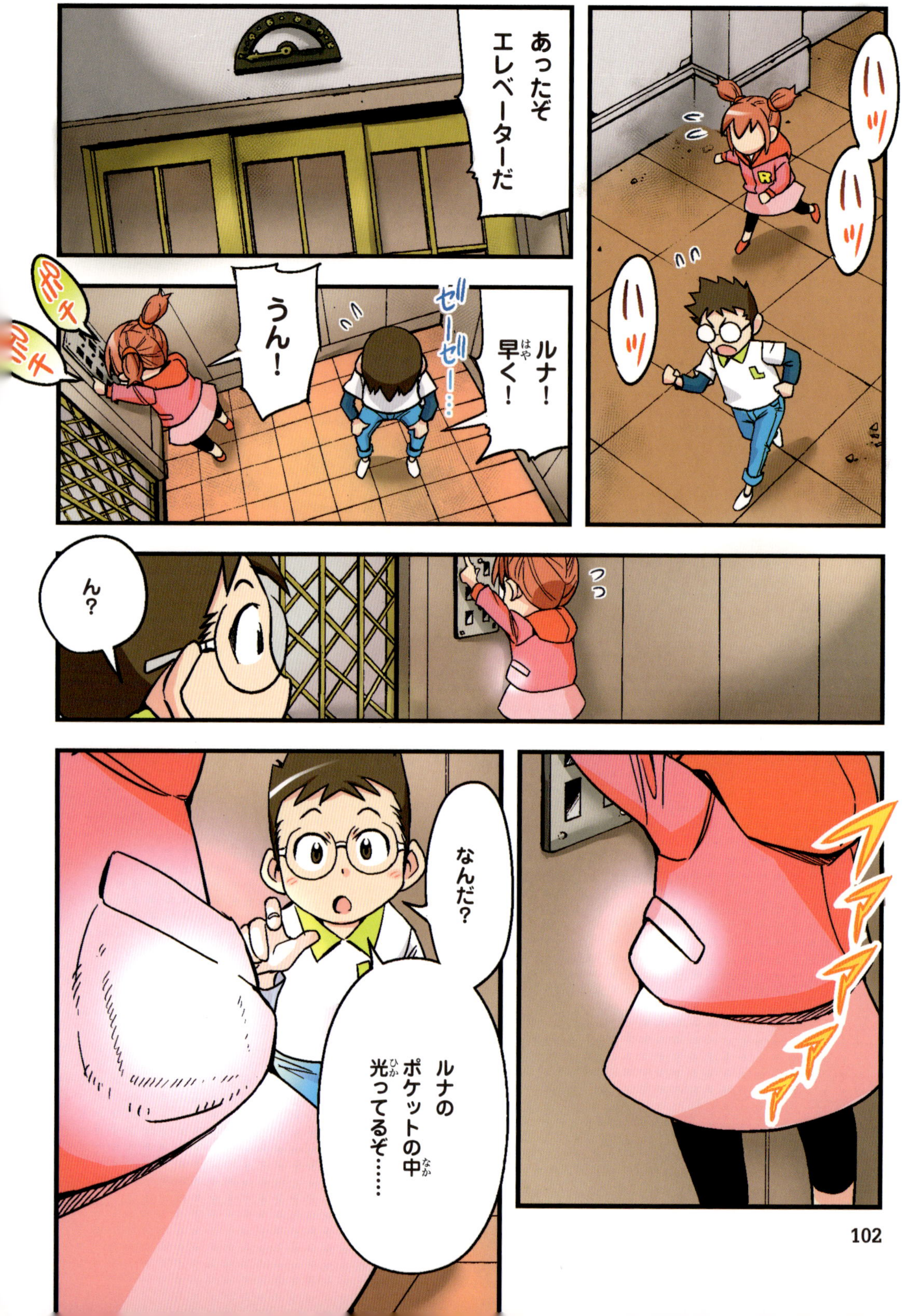
ハッ
ハッ
ハッ
あったぞ
エレベーターだ
ルナ！
早《はや》く！
ぜーぜー…
うん！
ポチ
ポチ
つっ
ん？
なんだ？
ルナの
ポケットの中《なか》
光《ひか》ってるぞ……
ファアアアア

カ〃
!!
動《うご》いた!
ガ〃
よっと
ゴ〃ゴ〃ゴ〃ゴ〃…
ヒャッホー!

う…
ガバッ
ルナッ!?
ルナ
大丈夫《だいじょうぶ》か？
ユサユサ…

ムニャムニャ
まだ眠《ねむ》いよ
お兄《にい》ちゃん……
あと5分《ふん》だけ
寝《ね》かせて……
ホッ…
……
キョロキョロ
似《に》てるケド…
どうやら凌雲閣《りょううんかく》のとは
違《ちが》うエレベーター
みたいだな
チン…
ウィイイ…
お願《ねが》いだから
元《もと》の時代《じだい》に
戻《もど》っていてくれ

TIME WARP memo
歴史なるほどメモ❻

関東大震災

① 首都圏を襲った巨大地震

1923（大正12）年9月1日午前11時58分のことです。神奈川県南部の相模湾一帯を震源とするマグニチュード7.9の巨大地震が発生しました。この地震による災害を、関東大震災といいます。

地震の揺れと、地震にともなって起きた大火災によって、東京や神奈川県など関東地方を中心に、静岡県の東部にまで大きな被害が出ました。

関東大震災の被害状況

死者・行方不明者	約10万5千
全壊した家屋	約10万9千
半壊した家屋	約10万2千
焼失した家屋	約21万2千

参考：『理科年表 平成28年』国立天文台編

火災による被害も大きかったんだね！

もの知りコラム
地震にともなって起きた大火災

関東大震災は、昼食の時間に襲ってきました。そのため、食事の準備で火を使っていた家が多く、134カ所から火が出ました。その火が、折しも日本海側にあった台風の影響による強風にあおられて、大火災となったのです。

火災はほぼ2日間にわたって続きました。大火災で気温は上昇し、46℃に達したところもあったそうです。

関東大震災で焼け野原となった東京の市街地

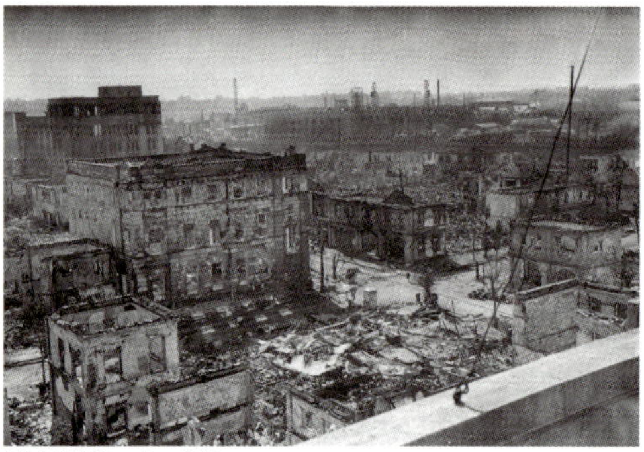

関東大震災直後《かんとうだいしんさいちょくご》の風景《ふうけい》

被災《ひさい》した人々《ひとびと》への炊《た》き出《だ》し

陸揚《りくあ》げされる救援物資《きゅうえんぶっし》。国内《こくない》だけでなく、アメリカや中国《ちゅうごく》など海外《かいがい》からも届《とど》けられた

震災《しんさい》で崩《くず》れた凌雲閣《りょううんかく》
(通称《つうしょう》 浅草十二階《あさくさじゅうにかい》)

焼《や》け落《お》ちた新橋駅《しんばしえき》

混乱《こんらん》の中《なか》で起《お》きた事件《じけん》

震災直後《しんさいちょくご》、人々《ひとびと》は混乱《こんらん》していました。そんななか、日本《にほん》にいる朝鮮人《ちょうせんじん》が「暴動《ぼうどう》を起《お》こす」「井戸《いど》に毒《どく》を入《い》れる」などという根拠《こんきょ》のないウワサが広《ひろ》まります。そして、ウワサを信《しん》じた人々《ひとびと》によって、多《おお》くの朝鮮人《ちょうせんじん》のほか中国人《ちゅうごくじん》も殺《ころ》されてしまいました。

また、この当時《とうじ》の政府《せいふ》が敵視《てきし》していた社会主義者《しゃかいしゅぎしゃ》たちも、混乱《こんらん》の中《なか》で警察《けいさつ》や軍《ぐん》などによってとらえられ、殺《ころ》されてしまったのです。

② 復興《ふっこう》で生《う》まれ変《か》わった東京《とうきょう》

関東大震災《かんとうだいしんさい》による被害《ひがい》からの復興《ふっこう》は、すみやかにスタートを切《き》りました。

政府《せいふ》によって新《あたら》しい都市計画《としけいかく》が進《すす》められました。震災《しんさい》で破壊《はかい》されつくした土地《とち》に大規模《だいきぼ》な道路整備《どうろせいび》が行《おこな》われたり、鉄筋《てっきん》コンクリート製《せい》の燃《も》えにくい建物《たてもの》などがつくられたりしていったのです。特《とく》に首都《しゅと》の東京《とうきょう》や横浜《よこはま》といった大都市《だいとし》は、この大震災《だいしんさい》をきっかけに、近代的《きんだいてき》な都市《とし》として生《う》まれ変《か》わりました。

写真：すべて朝日新聞社

7章《しょう》
ケイコと再会《さいかい》！

＊丸《まる》ビル＝1923（大正《たいしょう》12）年《ねん》に東京駅近《とうきょうえきちか》くにできた「丸《まる》ノ内《うち》ビルヂング」の愛称《あいしょう》。2002（平成《へいせい》14）年《ねん》に全面改装《ぜんめんかいそう》した

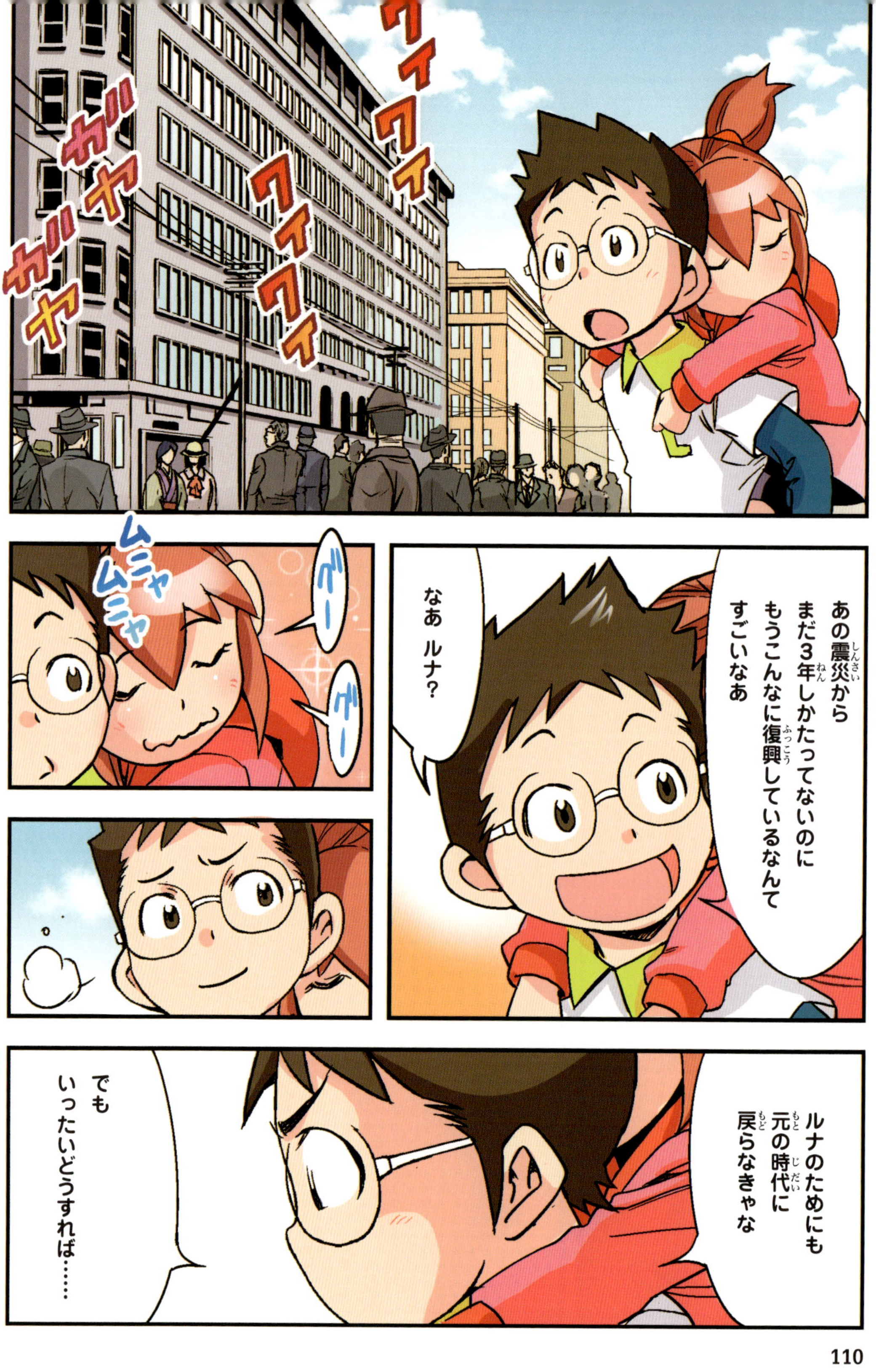
ワィワィ
ワィワィ
ガヤガヤ
ガヤガヤ
あの震災《しんさい》から
まだ3年《ねん》しかたってないのに
もうこんなに復興《ふっこう》しているなんて
すごいなあ
なあ ルナ?
グー
グー
ムニャ
ムニャ
ルナのためにも
元《もと》の時代《じだい》に
戻《もど》らなきゃな
でも
いったいどうすれば……

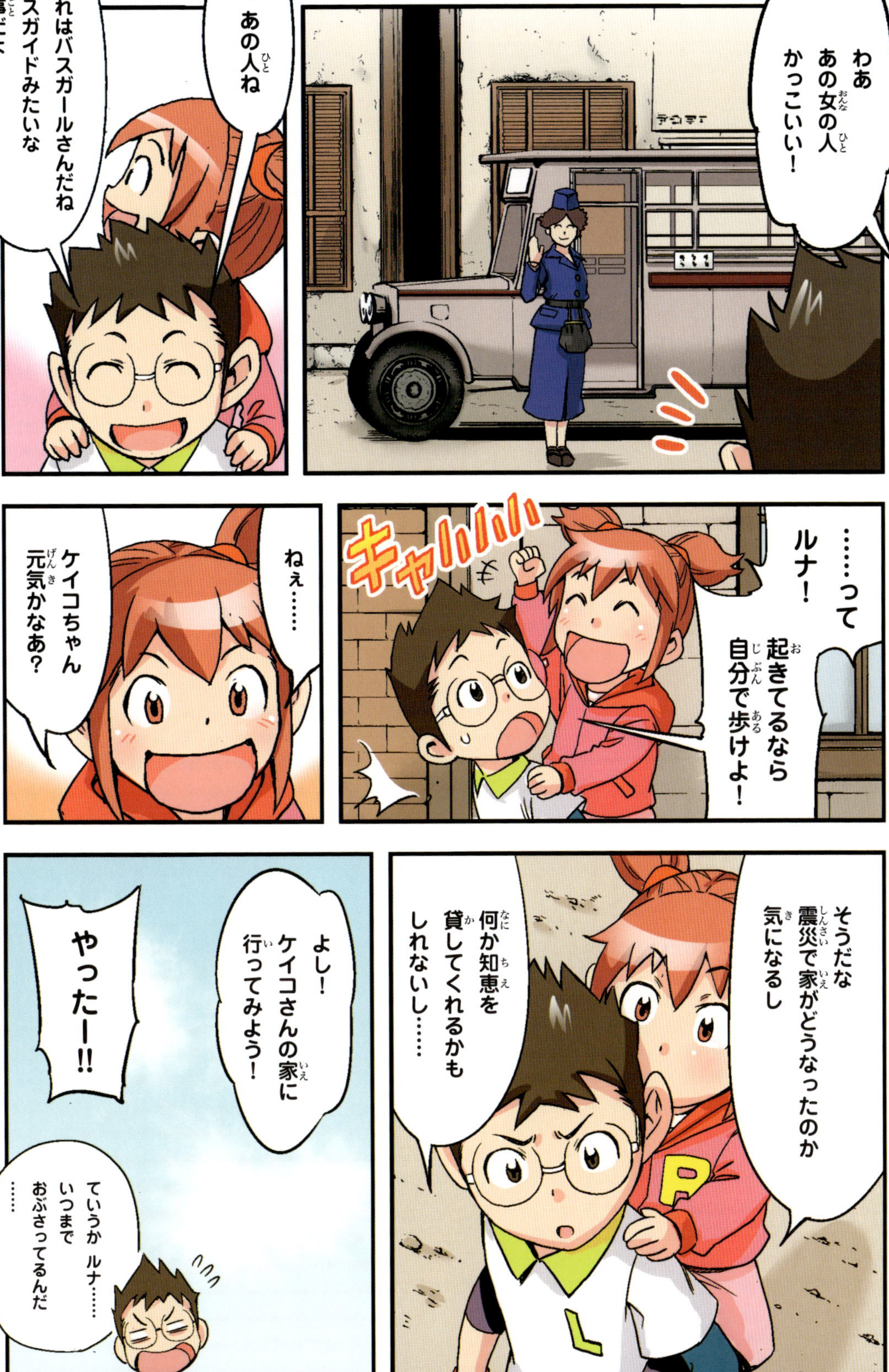

わあ あの女《おんな》の人《ひと》 かっこいい!
あ あの人《ひと》ね
あれはバスガールさんだね バスガイドみたいな仕事《しごと》だよ
……って ルナ!
起《お》きてるなら自分《じぶん》で歩《ある》けよ!
キャハハハ
ねえ……
ケイコちゃん元気《げんき》かなあ?
そうだな 震災《しんさい》で家《いえ》がどうなったのか気《き》になるし
何《なに》か知恵《ちえ》を貸《か》してくれるかもしれないし……
よし! ケイコさんの家《いえ》に行《い》ってみよう!
やったー!!
ていうか ルナ…… いつまで おぶさってるんだ ……

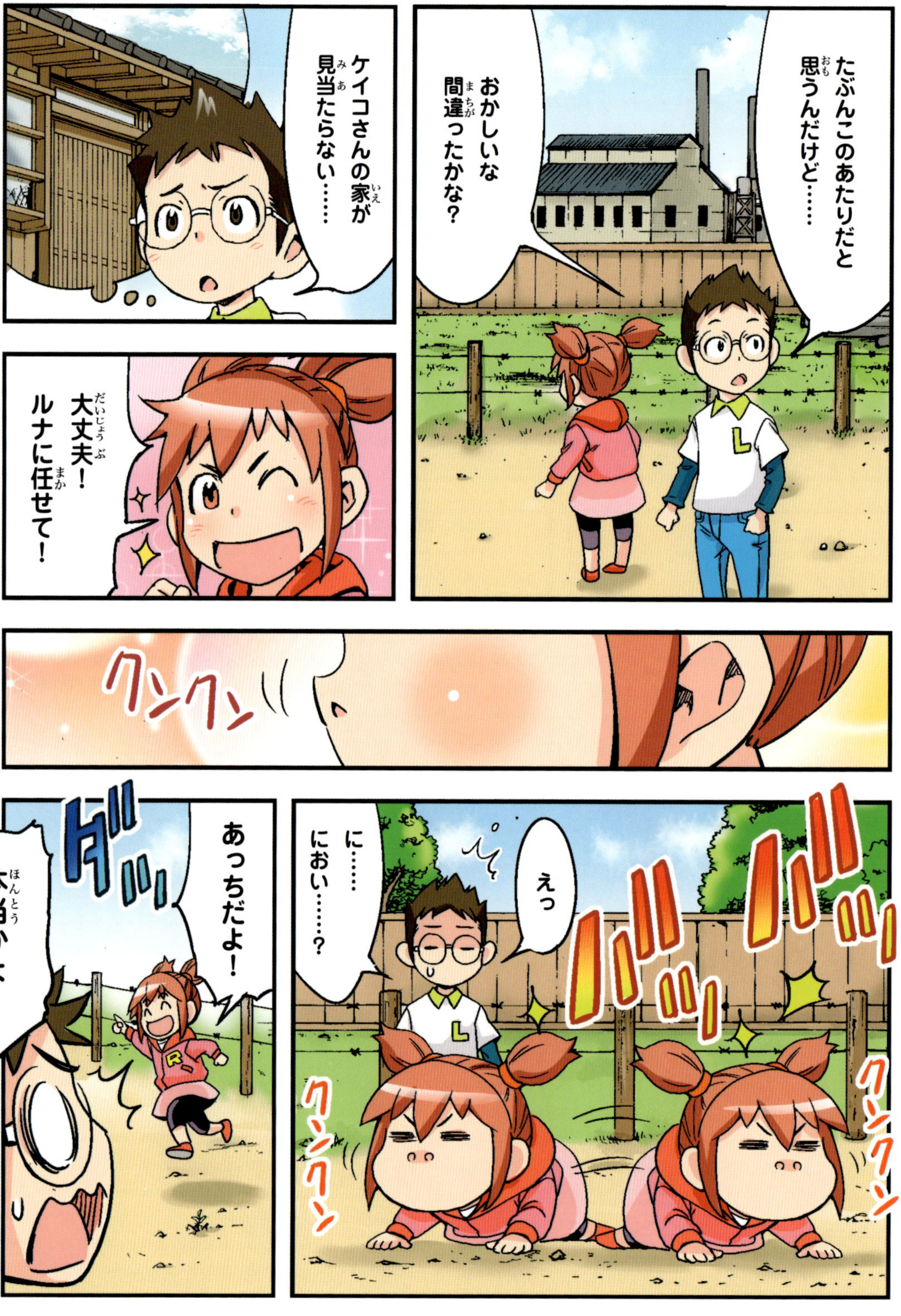
たぶんこのあたりだと思《おも》うんだけど……
おかしいな間違《まちが》ったかな？
ケイコさんの家《いえ》が見当《みあ》たらない……
大丈夫《だいじょうぶ》！ルナに任《まか》せて！
クンクン
えっ
に……においい……？
クンクン
クンクン
あっちだよ！
ダッ
本当《ほんとう》かよ！

早《はや》く早《はや》く！
お兄《にい》ちゃん！
ピョン
ピョーン
ドドッ
わっ…!!
キャッ
気《き》をつけなきゃ
ダメだぞ　ルナ！
ごめんなさい
イツツ…
いえいえ
こちらこそ……
あ！

ケイコさん！
ライトくんとルナちゃん？
よくわかったわね〜
へへ〜
ルナのやつ鼻《はな》が利《き》くみたいで……ははは
このあたりはみんな震災《しんさい》で焼《や》けちゃったのわたしの家《いえ》もね
そうだったんですか

じゃあ ケイコちゃん 今《いま》は家《いえ》がないの？
いいえ 新《あたら》しいおうちができたのよ
ここが新《あたら》しいおうちよ
バーン
ええっ!? ここですか!?
新《あたら》しくできた鉄筋《てっきん》アパートよ
前《まえ》と全然《ぜんぜん》ちがう！

弟《おとうと》や妹《いもうと》は遊《あそ》びにでかけてるみたい
ちょっと待《ま》っててお茶《ちゃ》をいれるわね
ルナも手伝《てつだ》う！
コポ コポ・・
あ ようかんがあったわ！
わあい！ ルナ ようかん大好《だいす》き！

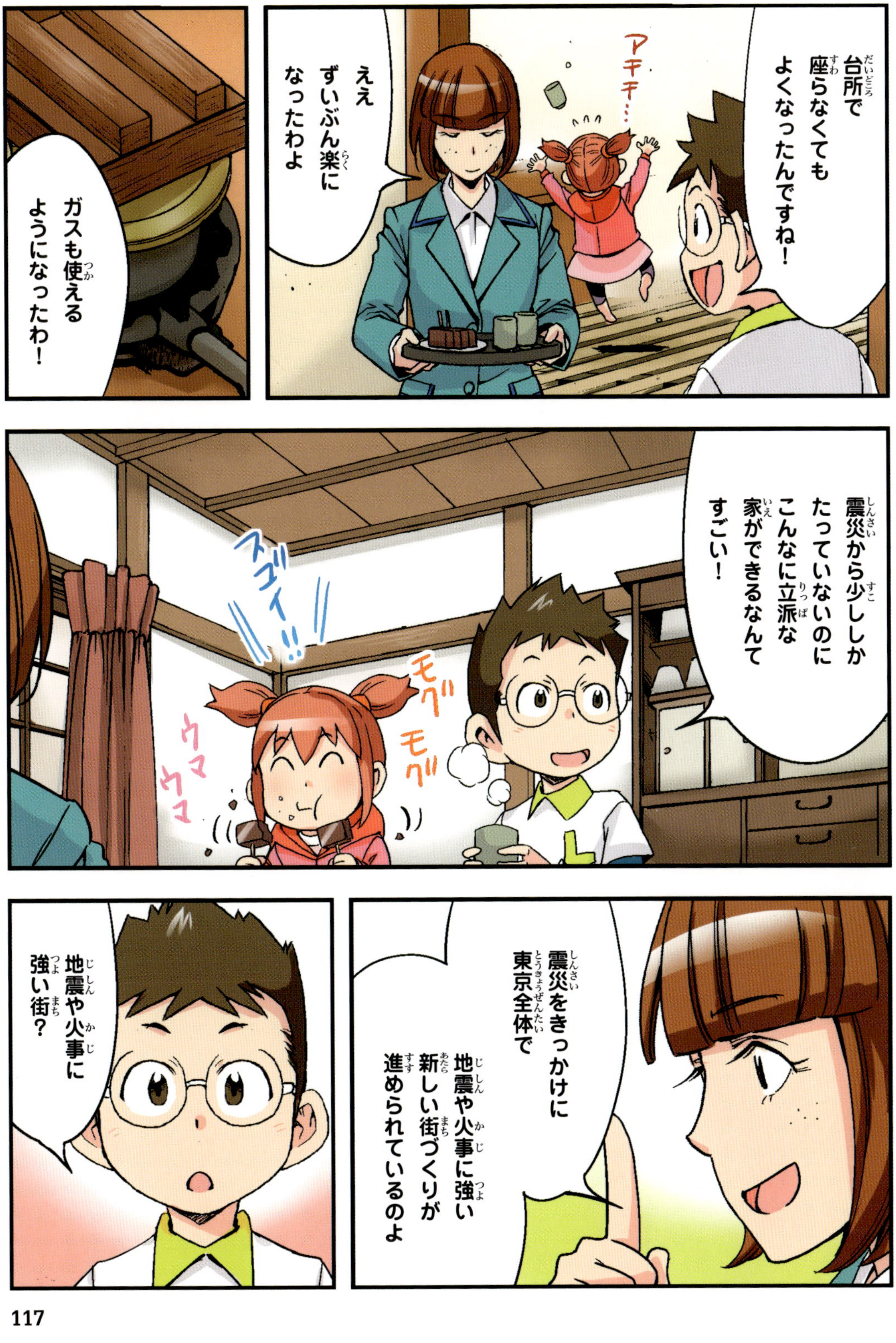

台所《だいどころ》で座《すわ》らなくてもよくなったんですね！
アチチ…
ええずいぶん楽《らく》になったわよ
ガスも使《つか》えるようになったわ！
震災《しんさい》から少《すこ》ししかたっていないのにこんなに立派《りっぱ》な家《いえ》ができるなんてすごい！
スゴイ!!
モグモグ
ウマウマ
震災《しんさい》をきっかけに東京全体《とうきょうぜんたい》で地震《じしん》や火事《かじ》に強《つよ》い新《あたら》しい街《まち》づくりが進《すす》められているのよ
地震《じしん》や火事《かじ》に強《つよ》い街《まち》？

そう震災《しんさい》が起《お》きて避難《ひなん》する時《とき》に便利《べんり》なように
幅《はば》の広《ひろ》い道路《どうろ》や大《おお》きな公園《こうえん》をつくったりしているの
この家《いえ》みたいな火事《かじ》に強《つよ》い鉄筋《てっきん》アパートもつくられているわ
そうだったんですね
ねえ！
ケイコちゃん前《まえ》と感《かん》じが変《か》わったね！何《なん》かカッコイイ!!
ふふふ
そうでしょ？
わたしだって立派《りっぱ》な「職業婦人《しょくぎょうふじん》」なんですから
しょくぎょーふじん？

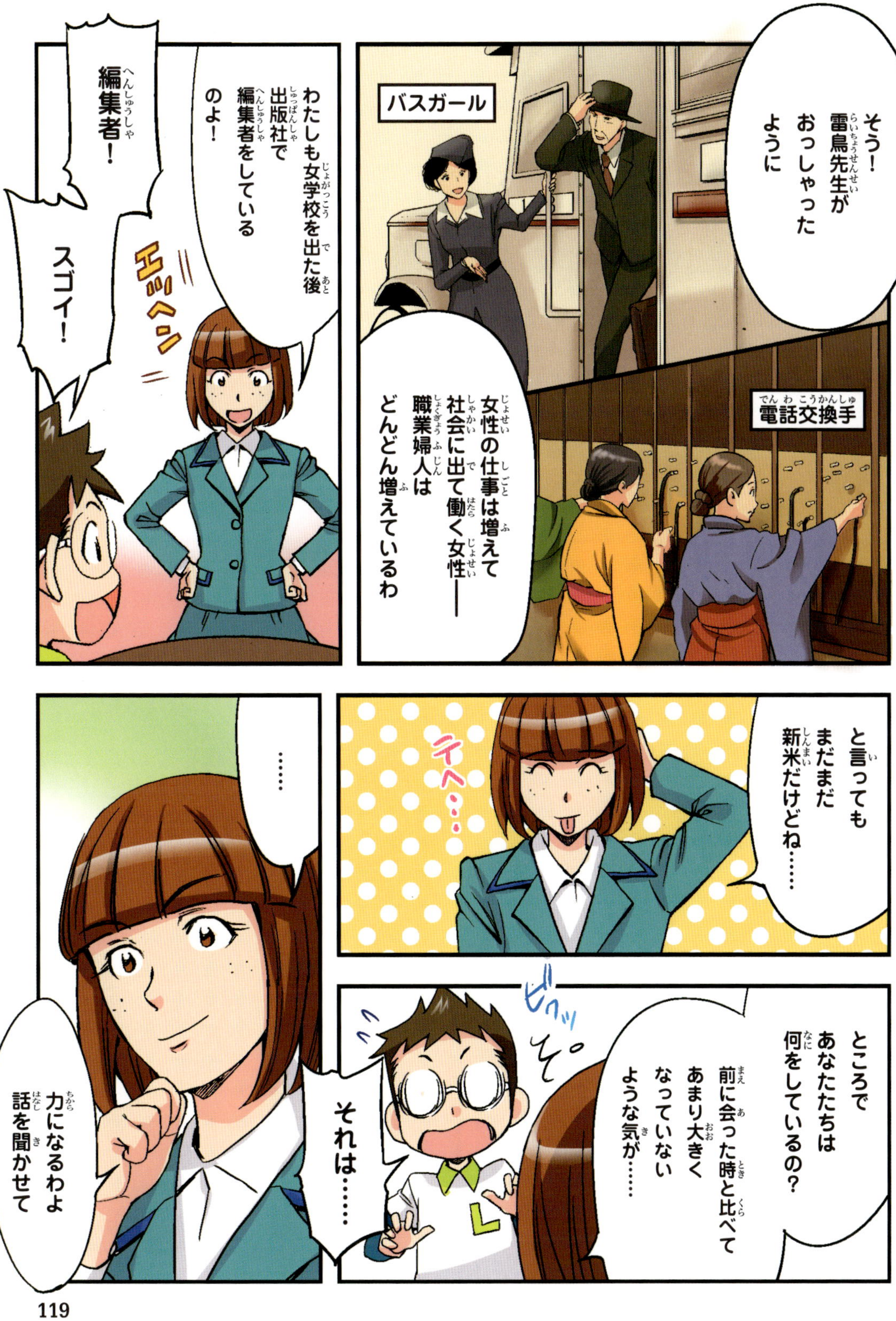

そう！雷鳥先生《らいちょうせんせい》がおっしゃったように
バスガール
女性《じょせい》の仕事《しごと》は増《ふ》えて社会《しゃかい》に出《で》て働《はたら》く女性《じょせい》――職業婦人《しょくぎょうふじん》はどんどん増《ふ》えているわ
電話交換手《でんわこうかんしゅ》
わたしも女学校《じょがっこう》を出《で》た後《あと》出版社《しゅっぱんしゃ》で編集者《へんしゅうしゃ》をしているのよ！
エッヘン
編集者《へんしゅうしゃ》！
スゴイ！
と言《い》ってもまだまだ新米《しんまい》だけどね……
テヘ…
……
ところであなたたちは何《なに》をしているの？前《まえ》に会《あ》った時《とき》と比《くら》べてあまり大《おお》きくなっていないような気《き》が……
ビクッ
ギ
それは……
力《ちから》になるわよ話《はなし》を聞《き》かせて

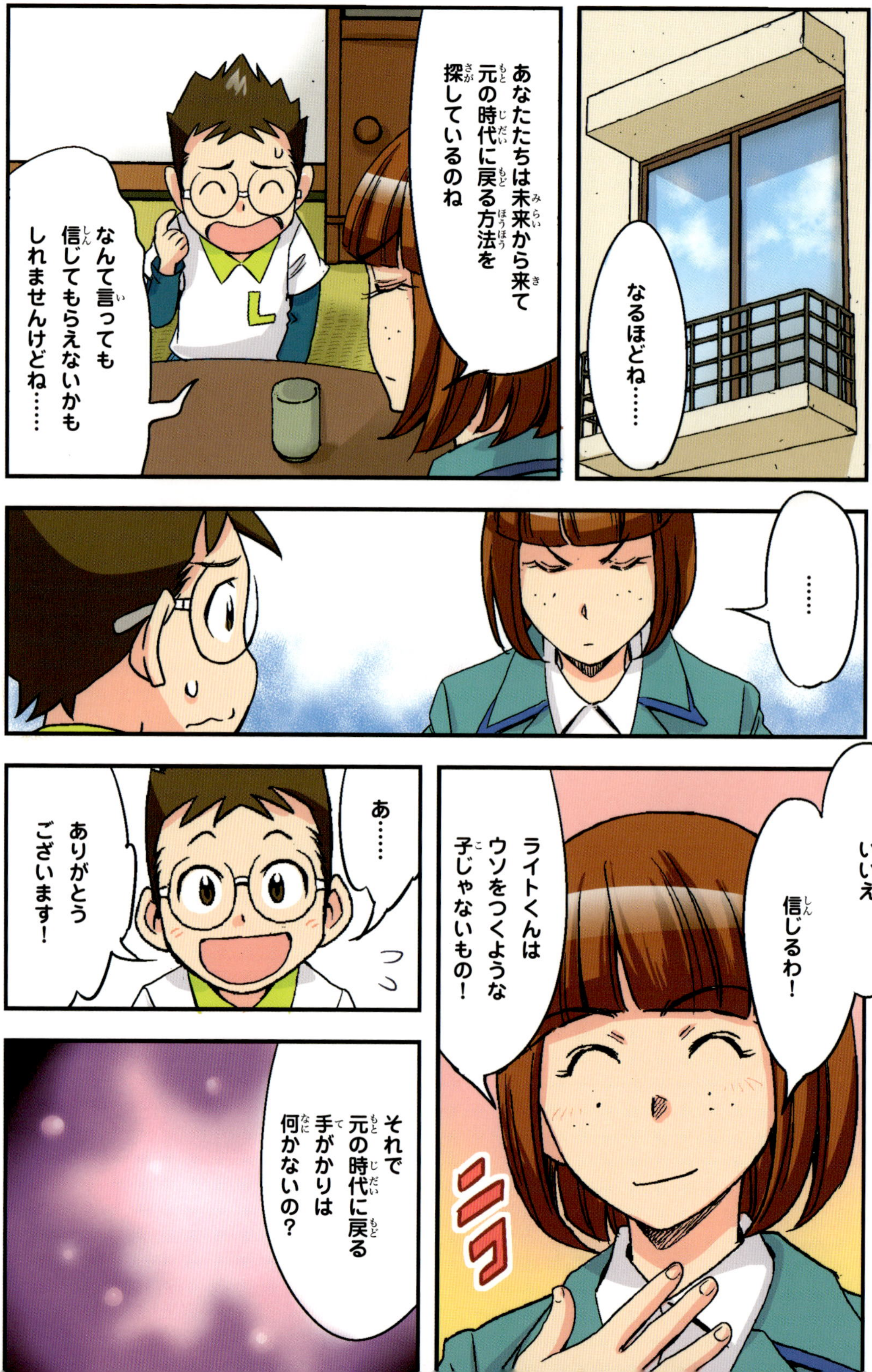
なるほどね……
あなたたちは未来《みらい》から来《き》て元《もと》の時代《じだい》に戻《もど》る方法《ほうほう》を探《さが》しているのね
なんて言《い》っても信《しん》じてもらえないかもしれませんけどね……
……
いいえ信《しん》じるわ!
ライトくんはウソをつくような子《こ》じゃないもの!
ニコ
あ……
ありがとうございます!
それで元《もと》の時代《じだい》に戻《もど》る手《て》がかりは何《なに》かないの?

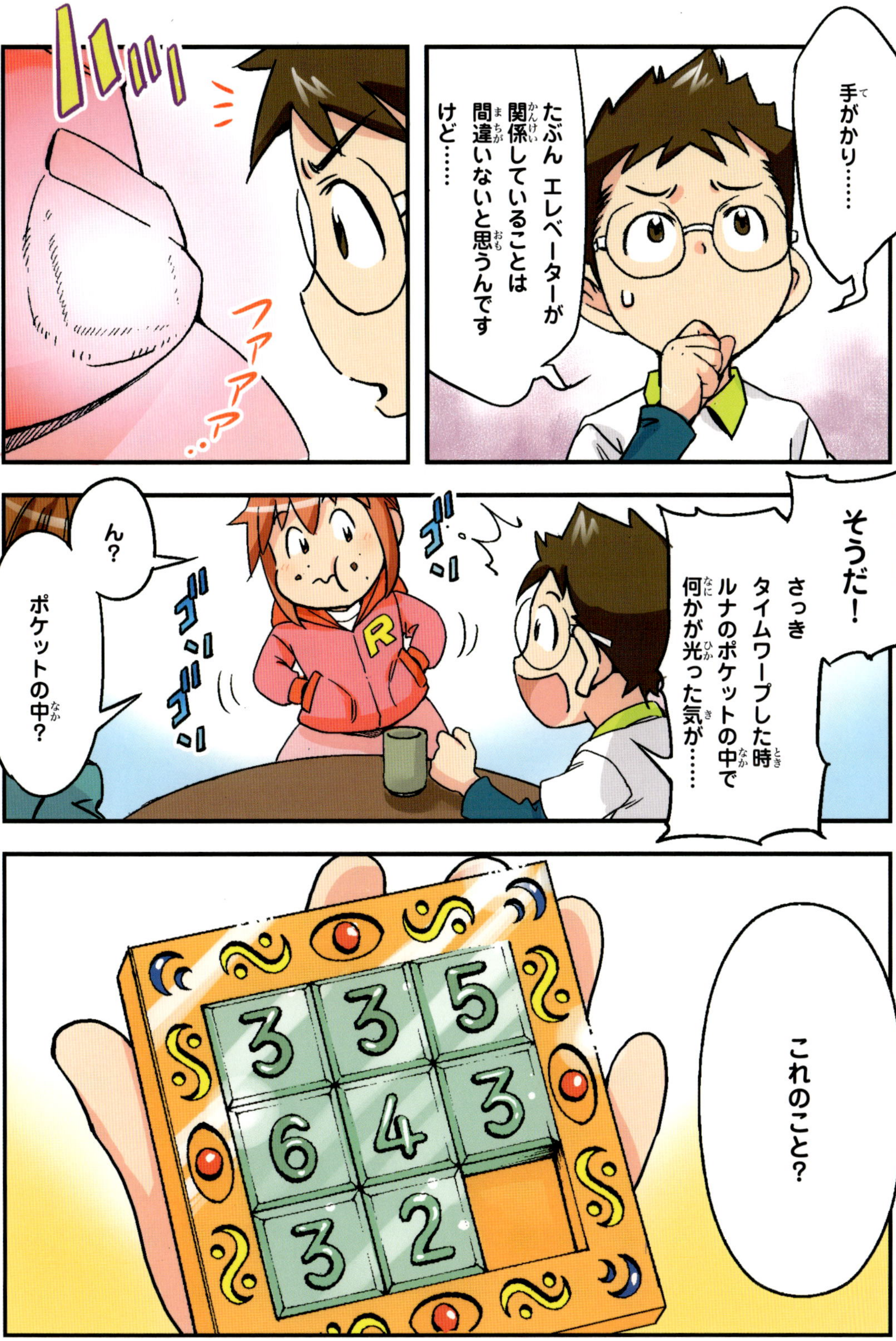

手《て》がかり……
たぶん エレベーターが関係《かんけい》していることは間違《まちが》いないと思《おも》うんですけど……
ファアア..
そうだ！
さっき タイムワープした時《とき》 ルナのポケットの中《なか》で何《なに》かが光《ひか》った気《き》が……
ん？
ポケットの中《なか》？
これのこと？

大正時代《たいしょうじだい》の人々《ひとびと》の暮《く》らしと住《す》まい

① 電気《でんき》、ガス、水道《すいどう》の普及《ふきゅう》

大正時代《たいしょうじだい》に入《はい》ると、人々《ひとびと》の暮《く》らしに大《おお》きな変化《へんか》が表《あらわ》れました。都市部《としぶ》を中心《ちゅうしん》に電気《でんき》やガス、水道《すいどう》が一般《いっぱん》の人々《ひとびと》の家《いえ》にも普及《ふきゅう》していったのです。

それまでの、明《あ》かりに石油《せきゆ》ランプを使《つか》ったり、まきを燃《も》やすかまどで食事《しょくじ》をつくったり、井戸《いど》で水《みず》をくんだりしていたことに比《くら》べると、スイッチをひねれば電気《でんき》がつく電灯《でんとう》や、火力《かりょく》の調整《ちょうせい》が簡単《かんたん》にできるガスコンロ、蛇口《じゃぐち》から水《みず》が出《で》る水道《すいどう》は、生活《せいかつ》をとても便利《べんり》なものにしてくれました。

② あこがれの文化住宅《ぶんかじゅうたく》

大正時代後期《たいしょうじだいこうき》から昭和時代初《しょうわじだいはじ》めにかけて流行《りゅうこう》し、人々《ひとびと》のあこがれの的《まと》となったのが文化住宅《ぶんかじゅうたく》です。これは、和風《わふう》の住宅《じゅうたく》に洋風《ようふう》の部屋《へや》を一部《いちぶ》取《と》り入《い》れたものです。都市部《としぶ》や都市《とし》の周《まわ》りの住宅地《じゅうたくち》などに建《た》てられました。

一方《いっぽう》、下町《したまち》では、江戸時代《えどじだい》さながらの長屋《ながや》に住《す》む人《ひと》が、まだたくさんいました。もちろんこうした長屋《ながや》にも、電気《でんき》やガス、水道《すいどう》が普及《ふきゅう》していきました。

台所《だいどころ》

電灯《でんとう》やガスコンロ、水道《すいどう》がある台所《だいどころ》

和風部分《わふうぶぶん》

文化住宅《ぶんかじゅうたく》の「文化《ぶんか》」は「近代的《きんだいてき》」という意味《いみ》で使《つか》ったんだって！

洋室《ようしつ》

洋室《ようしつ》は、主《おも》に応接室《おうせつしつ》として、来客《らいきゃく》があった時《とき》に使《つか》われた

家族《かぞく》で食事《しょくじ》をしたり寝《ね》たりするのは和室《わしつ》の茶《ちゃ》の間《ま》や居間《いま》だったのよ

文化住宅《ぶんかじゅうたく》
（写真《しゃしん》は昭和初期《しょうわしょき》の建築《けんちく》の復元《ふくげん》）

洋風部分《ようふうぶぶん》

もの知《し》りコラム

関東大震災後《かんとうだいしんさいご》につくられた集合住宅《しゅうごうじゅうたく》（アパート）

関東大震災後《かんとうだいしんさいご》、同潤会《どうじゅんかい》という組織《そしき》がつくられ、震災《しんさい》で家《いえ》を失《うしな》った人々《ひとびと》のために、昭和時代初《しょうわじだいはじ》めにかけて東京《とうきょう》と横浜《よこはま》で、全部合《ぜんぶあ》わせて16カ所《しょ》にアパートをつくりました。これを同潤会《どうじゅんかい》アパートといいます。このアパートは、日本《にほん》に近《きん》代的《だいてき》な集合住宅《しゅうごうじゅうたく》が流行《りゅうこう》するきっかけとなりました。

◆ ◆ ◆

同潤会《どうじゅんかい》アパートは鉄筋《てっきん》コンクリートでつくられ、当時《とうじ》の最新設備《さいしんせつび》だった、水洗《すいせん》トイレやエレベーターを取《と》り入《い》れたりしたことも、話題《わだい》となりました。

写真：すべて新宿歴史博物館

8章《しょう》

パズルのなぞを解《と》け！

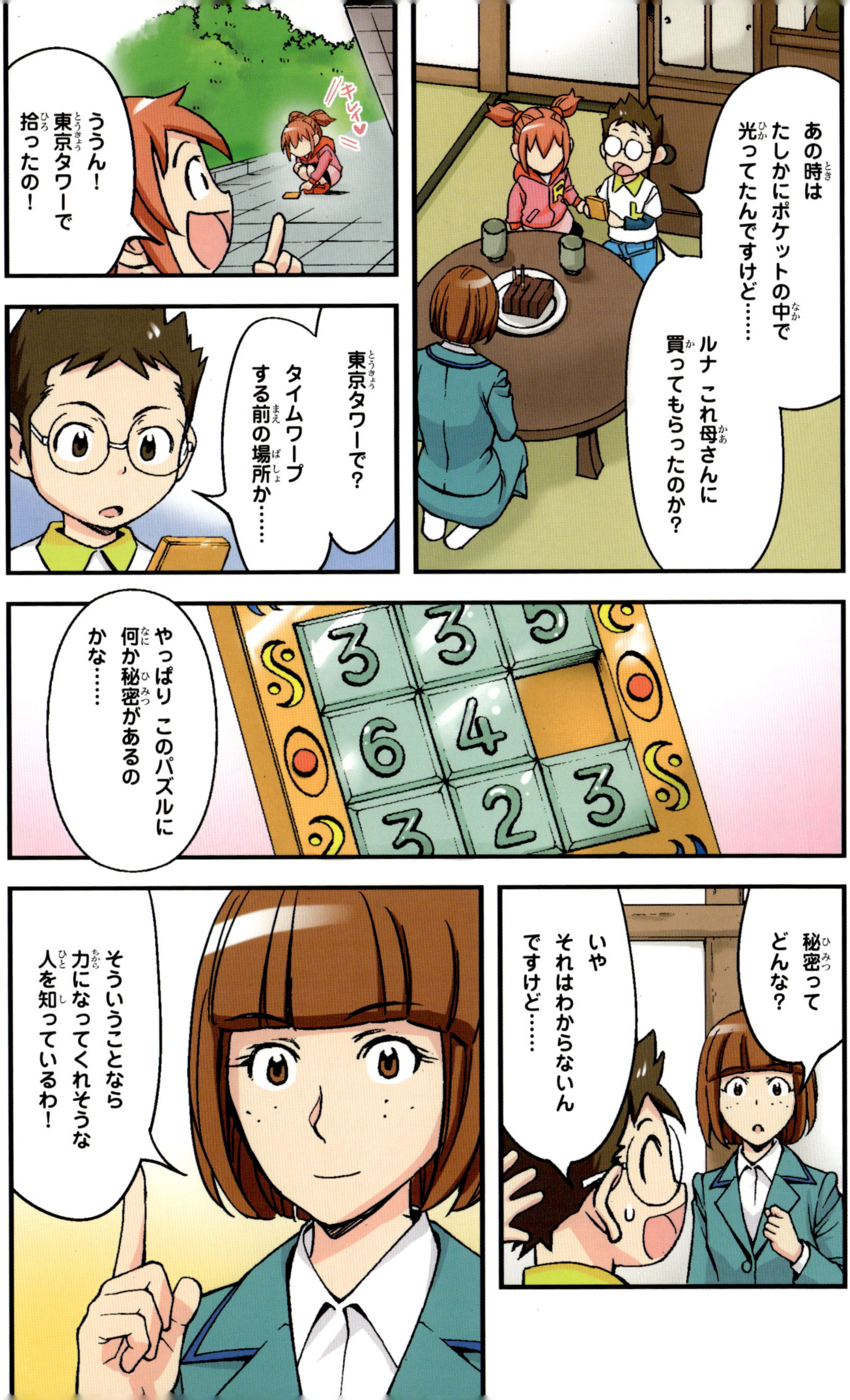

あの時《とき》は たしかにポケットの中《なか》で 光《ひか》ってたんですけど……
ルナ これ母《かあ》さんに 買《か》ってもらったのか?
キレイ♥
ううん! 東京《とうきょう》タワーで 拾《ひろ》ったの!
東京《とうきょう》タワーで? タイムワープ する前《まえ》の場所《ばしょ》か……
やっぱり このパズルに 何《なに》か秘密《ひみつ》があるの かな……
秘密《ひみつ》って どんな?
いや それはわからないん ですけど……
そういうことなら 力《ちから》になってくれそうな 人《ひと》を知《し》っているわ!

力《ちから》になってくれそうな人《ひと》ってだれですか？
わたしの出版社《しゅっぱんしゃ》でお世話《せわ》になっている小説家《しょうせつか》の先生《せんせい》よ
それもね推理小説《すいりしょうせつ》を書《か》いているのよ
原稿《げんこう》が遅《おそ》いのが困《こま》ったものなんだけど作品《さくひん》はとってもおもしろいわ！
大正時代《たいしょうじだい》の推理小説家《すいりしょうせつか》ということは……
ごめんくださーい……
だれもいないみたいですよ
ニョキ

ルナが捜《さが》すーっ!
きゃっほー
ダメだよ勝手《かって》に入《はい》っちゃ……
だれかいませんか——っ?
どこですか——っ?
スカスカ
ん?押《お》し入《い》れ?
ガラガラ
ビクッ
……
いやあケイコくん!

やっぱりここに隠《かく》れてたんですね！
わかってますよ！今日《きょう》は原稿《げんこう》の催促《さいそく》ではなくてお知恵《ちえ》を借《か》りたいことがあって来《き》たんですよ
乱歩先生《らんぽせんせい》！
よいしょ
スマン！まだ原稿《げんこう》はできてないんだ……
乱歩先生《らんぽせんせい》!? やっぱり本物《ほんもの》の乱歩先生《らんぽせんせい》だ！
お兄《にい》ちゃんこのおじちゃんだれなの？
江戸川乱歩先生《えどがわらんぽせんせい》だよ！日本《にほん》で初《はじ》めて本格的《ほんかくてき》な推理小説《すいりしょうせつ》を書《か》いたといわれてる人《ひと》！
推理小説《すいりしょうせつ》の父《ちち》それが乱歩先生《らんぽせんせい》さ！
江戸川乱歩《えどがわらんぽ》

＊少年探偵団《しょうねんたんていだん》シリーズ＝乱歩《らんぽ》の子《こ》ども向《む》け推理小説《すいりしょうせつ》シリーズ。第《だい》１作《さく》の『怪人二十面相《かいじんにじゅうめんそう》』は1936（昭和《しょうわ》11）年《ねん》に書《か》かれた

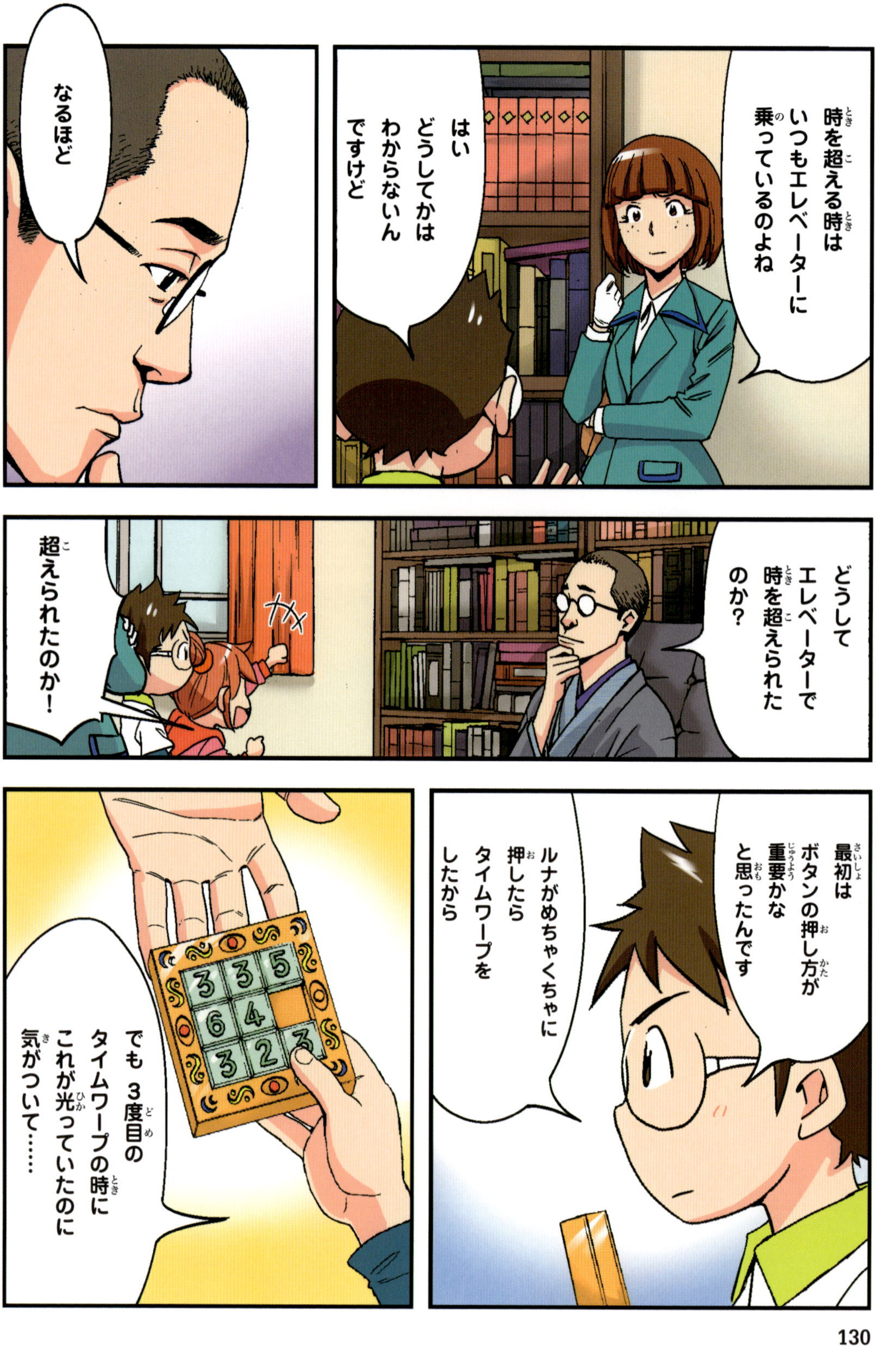
時《とき》を超《こ》える時《とき》はいつもエレベーターに乗《の》っているのよね
はい どうしてかはわからないんですけど
なるほど
どうして エレベーターで 時《とき》を超《こ》えられたのか？
超《こ》えられたのか！
最初《さいしょ》は ボタンの押《お》し方《かた》が 重要《じゅうよう》かな と思《おも》ったんです
ルナがめちゃくちゃに 押《お》したら タイムワープを したから
でも 3度目《どめ》の タイムワープの時《とき》に これが光《ひか》っていたのに 気《き》がついて……

ふむ これは
「十五《じゅうご》置《お》き換《か》え遊《あそ》び」
というパズルに
似《に》ているな
十五《じゅうご》置《お》き換《か》え遊《あそ》び？
コトッ
これだよ
ルナの持《も》っているのと似《に》てるね！
こっちのほうが数字《すうじ》はたくさんあるわね
ええっと どこだっけ？
たしか この本《ほん》に……
世界遊戯法大全

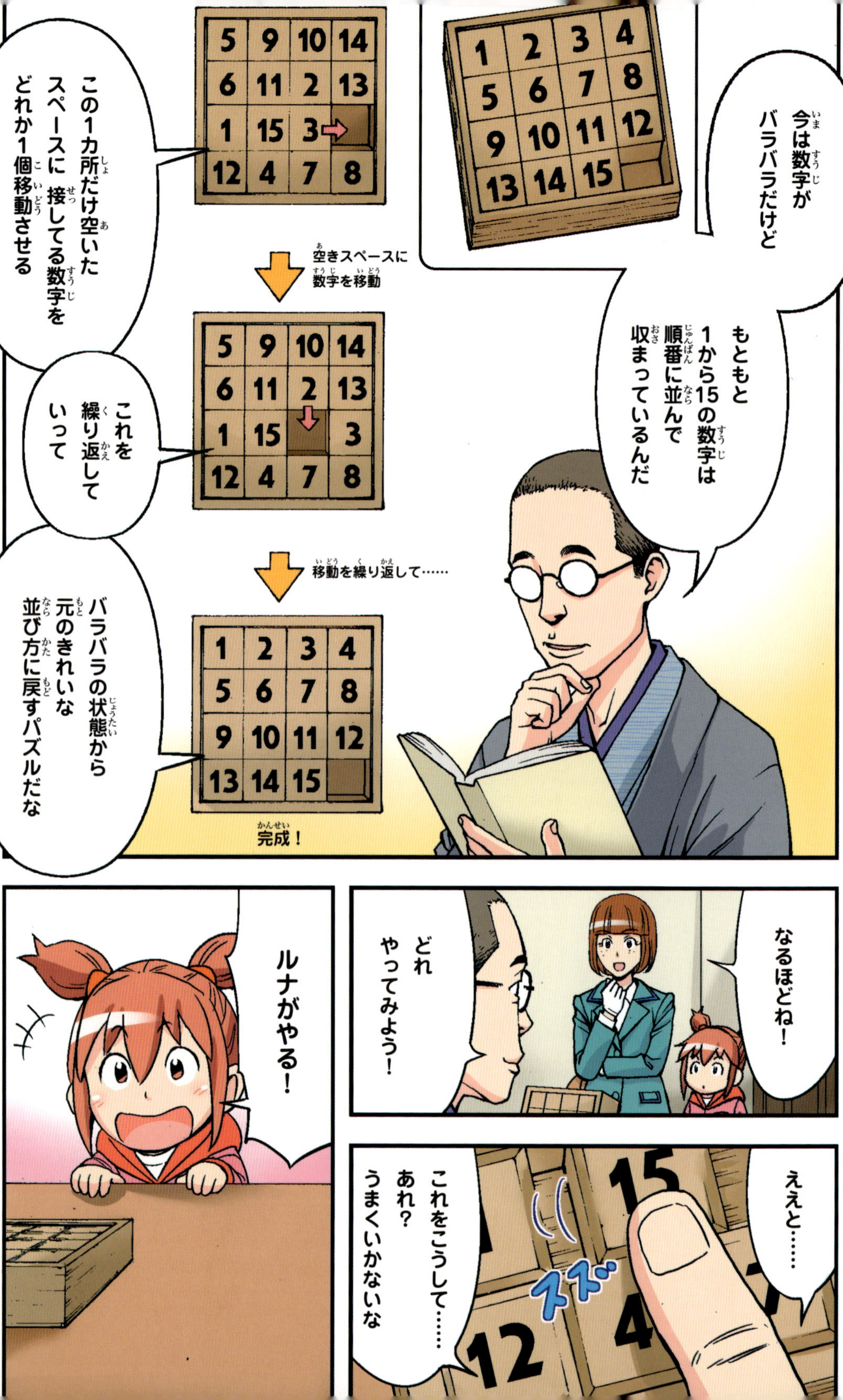
今《いま》は数字《すうじ》がバラバラだけど
もともと1から15の数字《すうじ》は順番《じゅんばん》に並《なら》んで収《おさ》まっているんだ
この1カ所《しょ》だけ空《あ》いたスペースに 接《せっ》してる数字《すうじ》をどれか1個移動《こいどう》させる
空《あ》きスペースに数字《すうじ》を移動《いどう》
これを繰《く》り返《かえ》していって
移動《いどう》を繰《く》り返《かえ》して……
バラバラの状態《じょうたい》から元《もと》のきれいな並《なら》び方《かた》に戻《もど》すパズルだな
完成《かんせい》！
なるほどね！
どれ やってみよう！
ルナがやる！
ええと……
これをこうして…… あれ？ うまくいかないな

ルナには難《むずか》しいよ
ここがこうなって……
あれ？　あれ？
何《なに》やってるのよ！
お兄《にい》ちゃん！
あっ
じっ
キラーン
ハーーーッ
タン
バババババ
オオーーッ

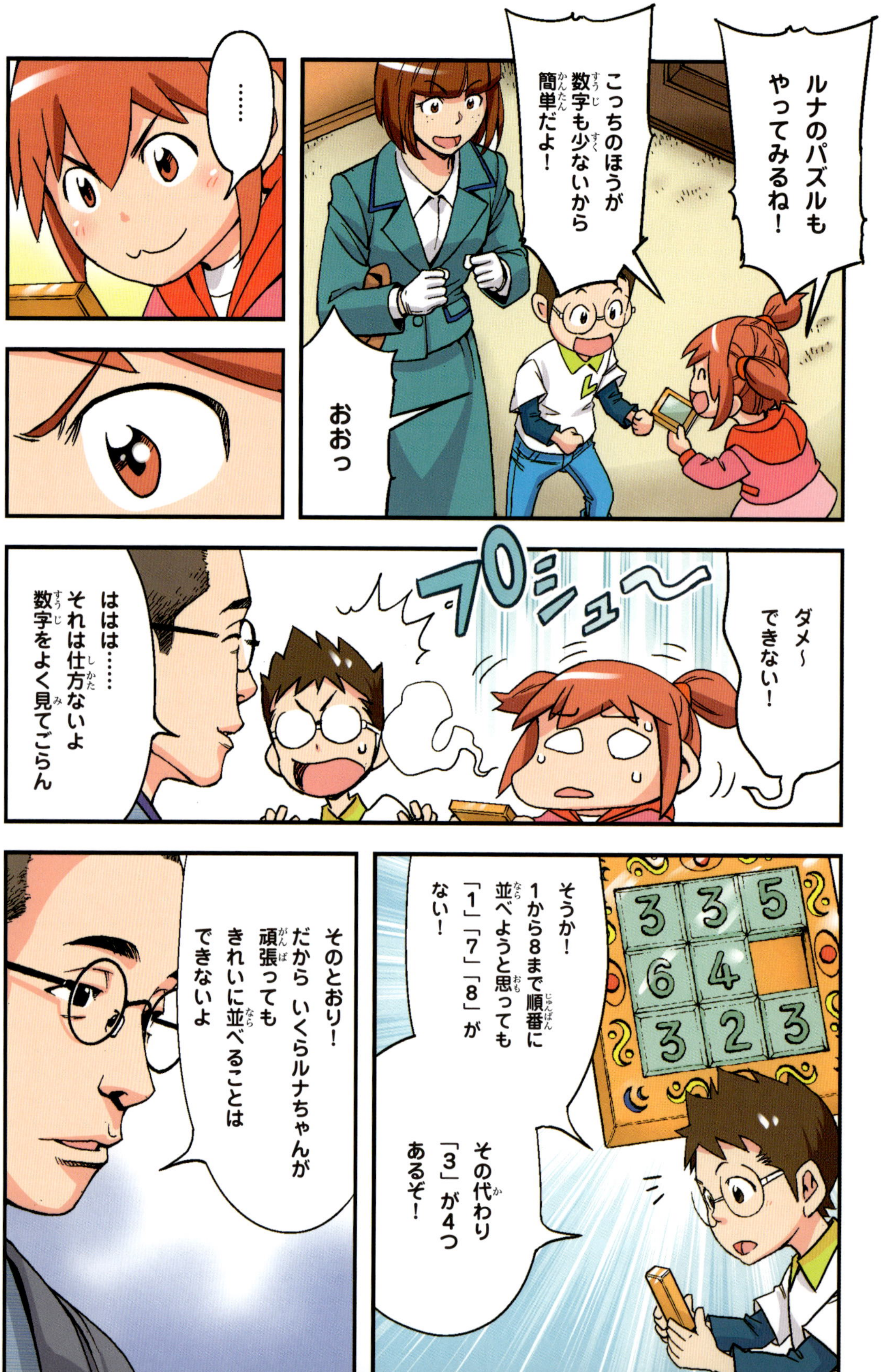
ルナのパズルもやってみるね！
こっちのほうが数字《すうじ》も少《すく》ないから簡単《かんたん》だよ！
おおっ
……
ダメ～できない！
プシュ～
ははは……それは仕方《しかた》ないよ数字《すうじ》をよく見《み》てごらん
そうか！1から8まで順番《じゅんばん》に並《なら》べようと思《おも》っても「1」「7」「8」がない！
その代《か》わり「3」が4つあるぞ！
そのとおり！だから いくらルナちゃんが頑張《がんば》ってもきれいに並《なら》べることはできないよ

じゃあ その数字《すうじ》には どういう意味《いみ》が……
おそらく「正解《せいかい》」の並《なら》び方《かた》が あるのだろう
1から順番《じゅんばん》にきれいに 並《なら》ぶのではなくてね
それで……
このパズルとぼくたちが タイムワープした ことには いったいどんな関係《かんけい》が……
私《わたし》の 推理《すいり》では
このパズルには 不思議《ふしぎ》な力《ちから》があって
これを持《も》って乗《の》ると エレベーターが タイムマシンに なるのだろう
その時《とき》のパズルの数字《すうじ》の 並《なら》び方《かた》で どの時代《じだい》に 行《い》くのかが決《き》まるのだと思《おも》う
ただ…… どういう数字《すうじ》だと どの時代《じだい》に行《い》くのか…… そこまでは わからないけどね
そうですか……
でも 元《もと》の時代《じだい》に戻《もど》る方法《ほうほう》は わかるぞ

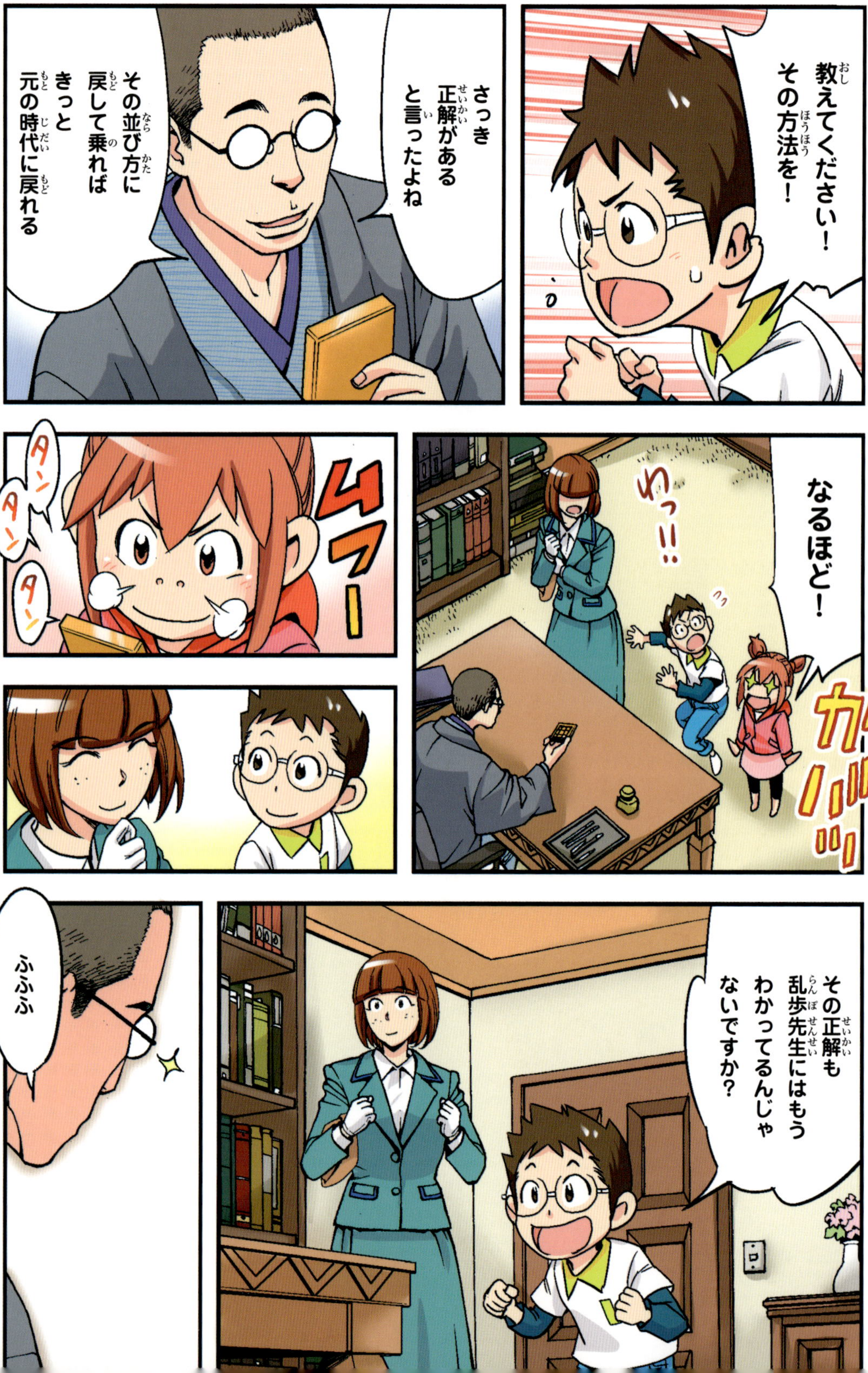
教《おし》えてください！
その方法《ほうほう》を！
さっき
正解《せいかい》がある
と言《い》ったよね
その並《なら》び方《かた》に
戻《もど》して乗《の》れば
きっと
元《もと》の時代《じだい》に戻《もど》れる
なるほど！
わっ!!
ガバッ
ムフー
タン
タン
タン
その正解《せいかい》も
乱歩先生《らんぽせんせい》にはもう
わかってるんじゃ
ないですか？
ふふふ

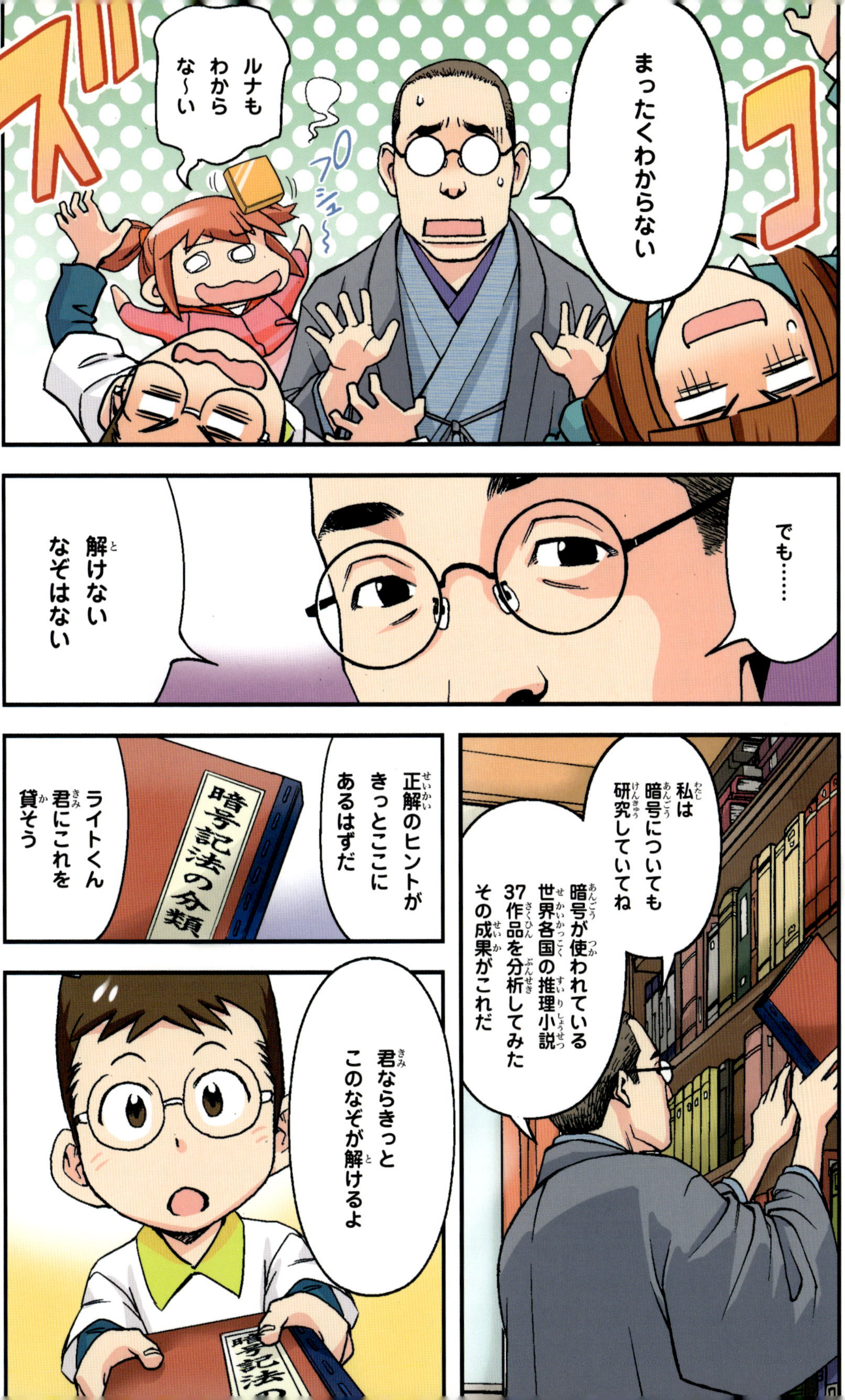
ズ
コ
まったくわからない
ルナもわからな〜い
プシュ〜
でも……
解《と》けないなぞはない
私《わたし》は暗号《あんごう》についても研究《けんきゅう》していてね
暗号《あんごう》が使《つか》われている世界各国《せかいかっこく》の推理小説《すいりしょうせつ》37作品《さくひん》を分析《ぶんせき》してみたその成果《せいか》がこれだ
正解《せいかい》のヒントがきっとここにあるはずだ
ライトくん君《きみ》にこれを貸《か》そう
暗号記法の分類
君《きみ》ならきっとこのなぞが解《と》けるよ

「サラリーマン」と「職業婦人《しょくぎょうふじん》」

①「サラリーマン」の登場《とうじょう》

明治時代《めいじじだい》まで人々《ひとびと》は、田《た》や畑《はたけ》で作物《さくもつ》をつくったり、工場《こうじょう》でものをつくったりしていました。しかし、経済《けいざい》が発展《はってん》した大正時代《たいしょうじだい》になると、都市《とし》を中心《ちゅうしん》に、会社《かいしゃ》に通《かよ》って事務仕事《じむしごと》を行《おこな》い、給料《きゅうりょう》（サラリー）をもらう人《ひと》たちが増《ふ》え、「サラリーマン」という言葉《ことば》が生《う》まれました。

地位《ちい》の高《たか》くないサラリーマンは、*「腰弁《こしべん》」とか、給料《きゅうりょう》は安《やす》いけれど洋服《ようふく》を着《き》ていることから「洋服細民《ようふくさいみん》」などと呼《よ》ばれました。

*腰弁《こしべん》＝江戸時代《えどじだい》の下級武士《かきゅうぶし》が腰《こし》に弁当《べんとう》を下《さ》げていたことから生《う》まれた呼《よ》び名《な》

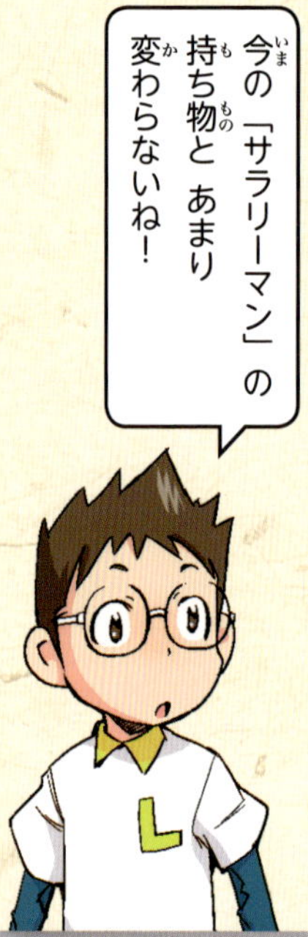
今《いま》の「サラリーマン」の持《も》ち物《もの》と あまり変《か》わらないね！

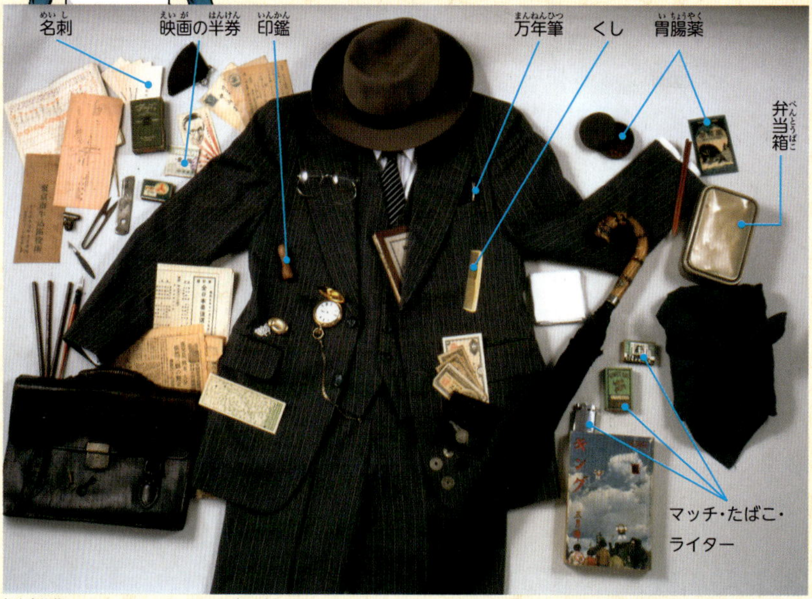
名刺《めいし》
映画《えいが》の半券《はんけん》
印鑑《いんかん》
万年筆《まんねんひつ》
くし
胃腸薬《いちょうやく》
弁当箱《べんとうばこ》
マッチ・たばこ・ライター

大正時代《たいしょうじだい》の「サラリーマン」の持《も》ち物《もの》

写真：新宿区立新宿歴史博物館

② 活躍《かつやく》する「職業婦人《しょくぎょうふじん》」たち

大正時代《たいしょうじだい》は、男性中心《だんせいちゅうしん》の社会《しゃかい》を変《か》えようとする女性《じょせい》たちの運動《うんどう》などの影響《えいきょう》で、女性《じょせい》も積極的《せっきょくてき》に社会《しゃかい》に出《で》て働《はたら》くようになりました。女性《じょせい》の働《はたら》きの場《ば》は広《ひろ》がり、電話交換手《でんわこうかんしゅ》、タイピスト、バスガールなどの新《あたら》しい職業《しょくぎょう》が生《う》まれました。

このような仕事《しごと》に就《つ》く女性《じょせい》は「職業婦人《しょくぎょうふじん》」と呼《よ》ばれました。しかし、結婚《けっこん》すれば女性《じょせい》は仕事《しごと》をやめるというのが一般的《いっぱんてき》な考《かんが》えでした。

はい ○○番《ばん》ですね
今《いま》つなぎます

電話交換手《でんわこうかんしゅ》

当時《とうじ》の電話《でんわ》は自動《じどう》で相手《あいて》につながらず、交換手《こうかんしゅ》が番号《ばんごう》を聞《き》いてつないでいた。写真《しゃしん》は養成所《ようせいじょ》の様子《ようす》

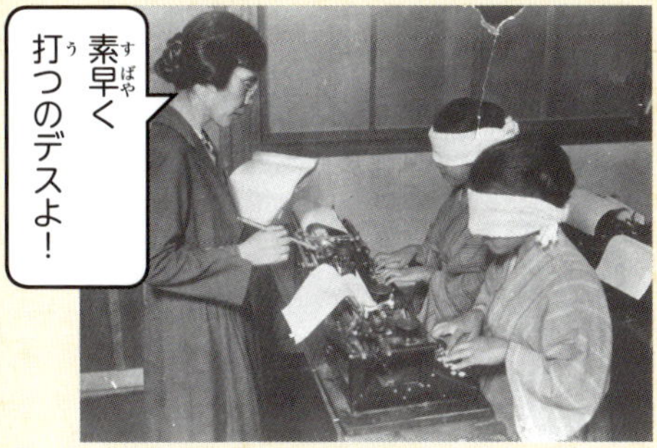
素早《すばや》く
打《う》つのデスよ!

タイピスト

タイプライターのキーを見《み》ずに文字《もじ》を打《う》つ練習《れんしゅう》をしているところ。1915(大正《たいしょう》4)年《ねん》には和文《わぶん》タイプライターも開発《かいはつ》され、普及《ふきゅう》した

出発《しゅっぱつ》しま〜す
お急《いそ》ぎくださ〜い
市バス

バスガール

乗合自動車《のりあいじどうしゃ》(バス)で車内《しゃない》の案内《あんない》をしたり、切符《きっぷ》を売《う》ったりする女性《じょせい》。「職業婦人《しょくぎょうふじん》」の花形《はながた》といわれた

もの知《し》りコラム

モガ・モボって何《なに》?

現代的《げんだいてき》であることを表《あらわ》す「モダン」という言葉《ことば》がはやり、流行《りゅうこう》の最先端《さいせんたん》を追《お》いかける若《わか》い人《ひと》を、モガ(モダンガール)・モボ(モダンボーイ)と呼《よ》びました。

街《まち》を歩《ある》くモガとモボ

写真：クレジットのないものは朝日新聞社

9章《しょう》 パズルを取《と》り戻《もど》せ！

数字《すうじ》を文字《もじ》の代《か》わりに使《つか》うんです
例《たと》えばこういうルールをつくると……
1＝あ
2＝い
3＝う
4＝え
5＝お
6＝か
7＝き
8＝く
「16265」は何《なに》になる?
ええと1は「あ」で6は「か」だから……
あかいかお……
ウヒ〜〜♪
赤《あか》い顔《かお》だ!
正解《せいかい》!
なるほどね!それなら解《と》けそう?
いや この方法《ほうほう》ではどうもうまくいかなくて
それで次《つぎ》に考《かんが》えたのが「寓意法《ぐういほう》」です
寓意法《ぐういほう》?

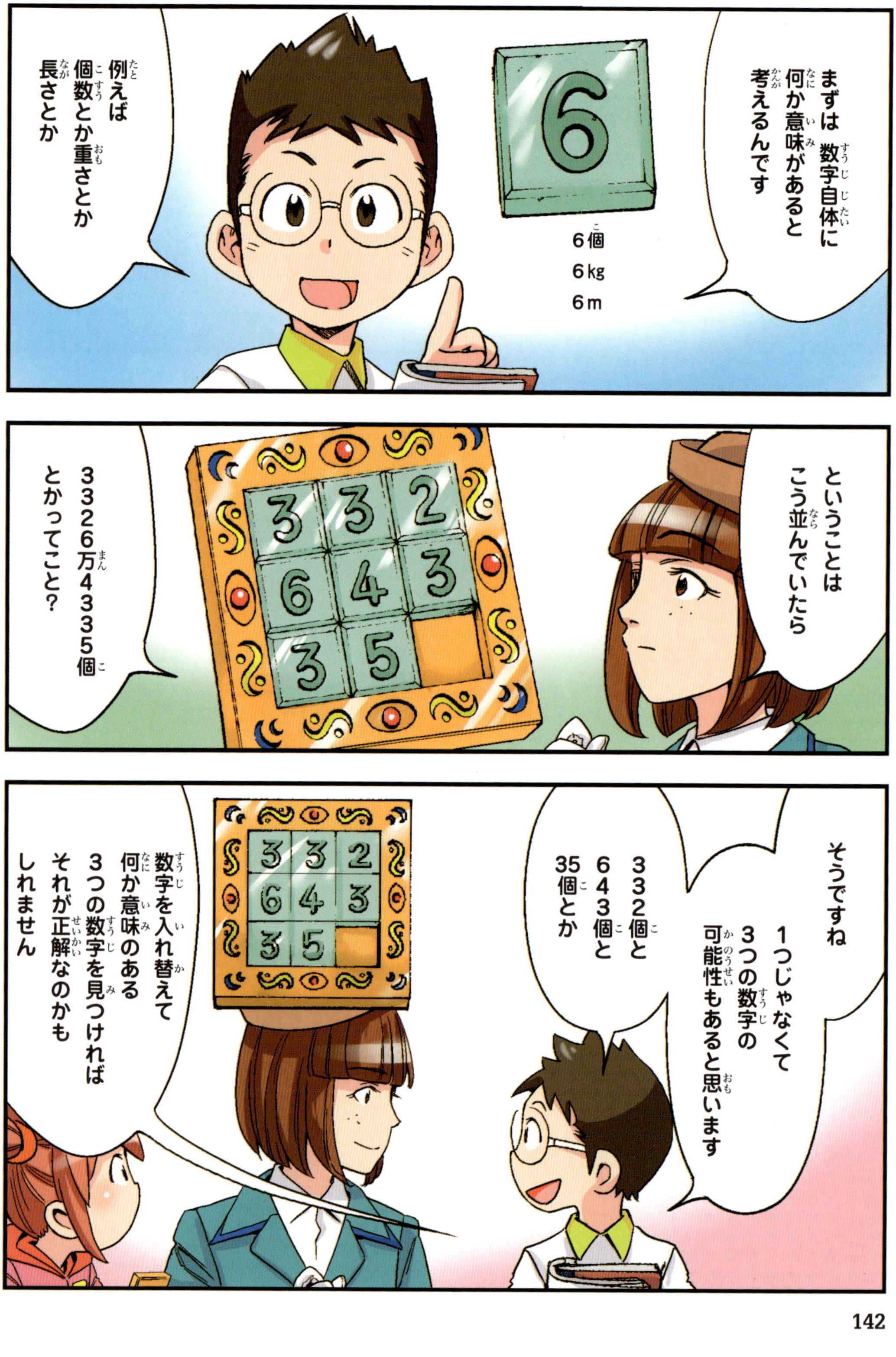
まずは 数字《すうじ》自体《じたい》に何《なに》か意味《いみ》があると考《かんが》えるんです
6個《こ》
6kg
6m
例《たと》えば個数《こすう》とか重《おも》さとか長《なが》さとか
ということはこう並《なら》んでいたら
3326万《まん》4335個《こ》とかってこと?
そうですね 1つじゃなくて3つの数字《すうじ》の可能性《かのうせい》もあると思《おも》います
332個《こ》と643個《こ》と35個《こ》とか
数字《すうじ》を入《い》れ替《か》えて何《なに》か意味《いみ》のある3つの数字《すうじ》を見《み》つければそれが正解《せいかい》なのかもしれません

なるほど！ライトくん 頭《あたま》いいわね！
いやあ それほどでも……
それにしても このパズル きれいよね
きれいな石《いし》が いっぱい 使《つか》ってあって
うん！ キラキラしてきれいだから 拾《ひろ》ったの！
金箔《きんぱく》もほどこしてある みたいだし
きっとすごい 値打《ねう》ちものだと 思《おも》うわよ
……
ニヤ…

ねぇ 見《み》て見《み》て!
あっちで何《なに》か 始《はじ》まるみたい!
ガヤガヤ ガヤガヤ
ガヤガヤ ガヤガヤ
ちょっと 見《み》てくるねーっ!
ピョ〜ン
おい ルナ!
シュバッ
と—ぅ
まったく……
それにしても 大勢《おおぜい》 集《あつ》まってますね
また 普通選挙《ふつうせんきょ》を 求《もと》める集会《しゅうかい》ですか?

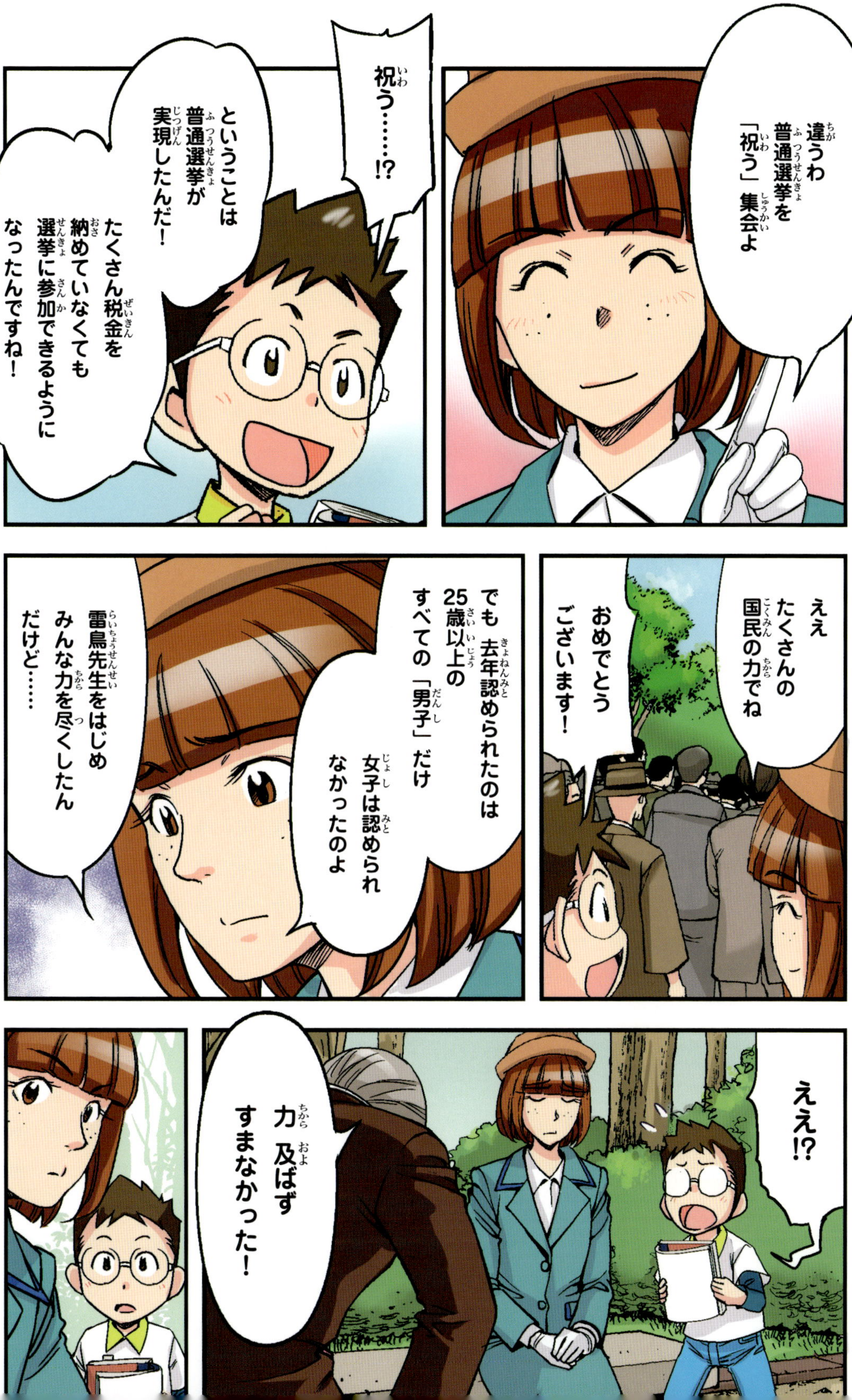
違《ちが》うわ 普通選挙《ふつうせんきょ》を「祝《いわ》う」集会《しゅうかい》よ
祝《いわ》う……!?
ということは 普通選挙《ふつうせんきょ》が 実現《じつげん》したんだ!
たくさん税金《ぜいきん》を 納《おさ》めていなくても 選挙《せんきょ》に参加《さんか》できるように なったんですね!
ええ たくさんの 国民《こくみん》の力《ちから》でね
おめでとう ございます!
でも 去年認《きょねんみと》められたのは 25歳以上《さいいじょう》の すべての「男子《だんし》」だけ 女子《じょし》は認《みと》められ なかったのよ
雷鳥先生《らいちょうせんせい》をはじめ みんな力《ちから》を尽《つ》くしたん だけど……
ええ!?
力《ちから》及《およ》ばず すまなかった!

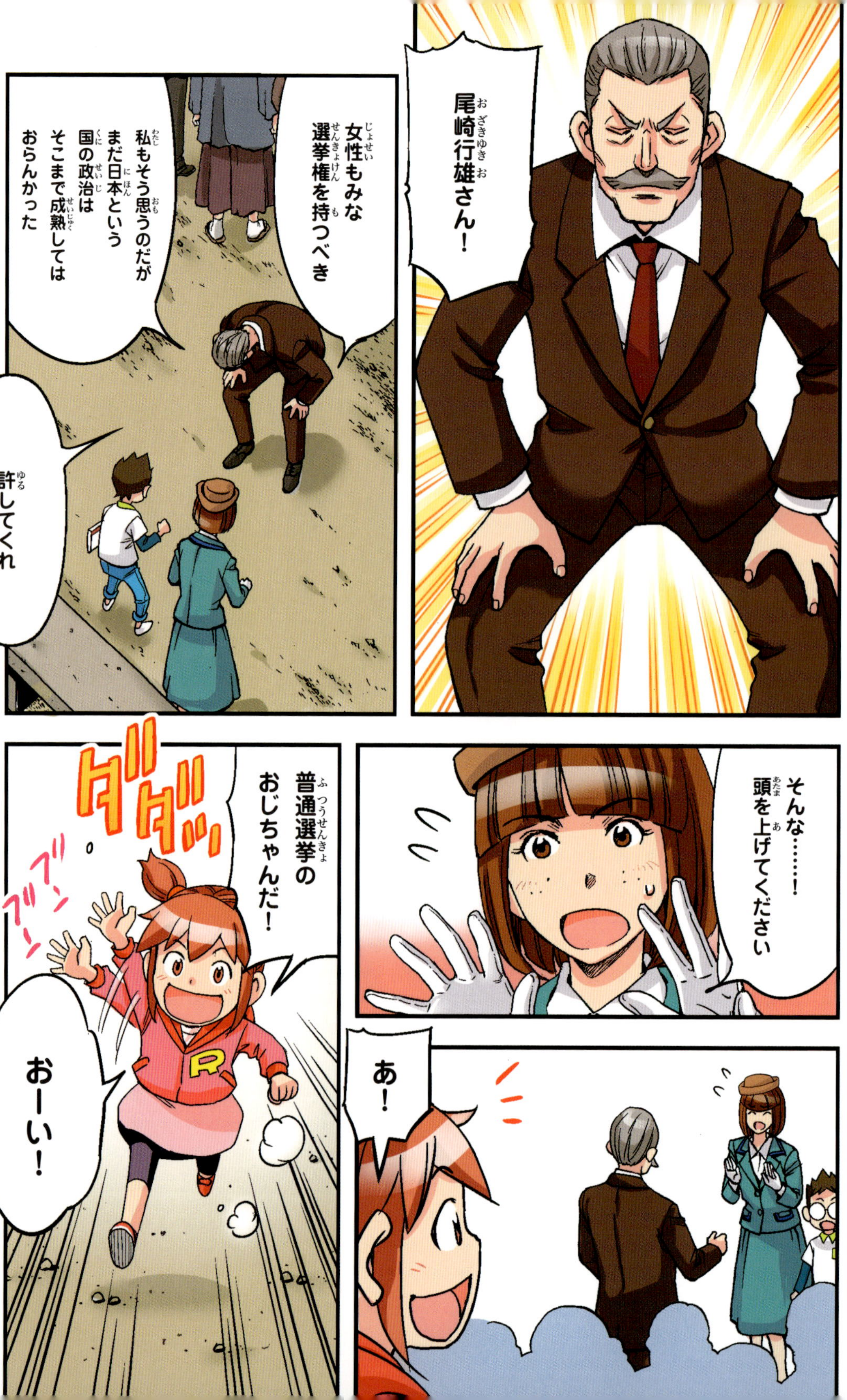
尾崎行雄《おざきゆきお》さん!
女性《じょせい》もみな
選挙権《せんきょけん》を持《も》つべき
私《わたし》もそう思《おも》うのだが
まだ日本《にほん》という
国《くに》の政治《せいじ》は
そこまで成熟《せいじゅく》してはおらんかった
許《ゆる》してくれ
そんな……!
頭《あたま》を上《あ》げてください
普通選挙《ふつうせんきょ》の
おじちゃんだ!
ダダダッ
ブブーン
おーい!
あ!

おお
元気《げんき》にしとったかぁ?
うん!
ルナ
とっても元気《げんき》……
ドーン
わっ
とっ
くるくるくる～～
とう!
ビタッ
ふう
危《あぶ》なかった～～～♡
あれっ?
ゴゴゴゴ
な……
な～い!

どうした?
何《なに》がなくなったんだ?
あのパズル!
なんだって!?
きっと
あの男《おとこ》の人《ひと》と
ぶつかった時《とき》に
ギりッ
ダッ
待《ま》て!
逃《に》がさないわよ!

かけっこなら
ルナに任《まか》せて！
チッ
ニヤリ

ドドン。
何《なん》だ!?
ドドン
イテ
しまった
人《ひと》ごみの中《なか》に……
すみません!
通《とお》してください!
ムギュー
ルナも
通《とお》せんぼ
された~~
ハァ
ハァ
ちくしょ~

ふふっ ちょろい もんですね……
それはどうかな?
あん?
バァン
何《なに》!?
人《ひと》ごみに まぎれても
この尾崎《おざき》 悪《あく》のにおいには 敏感《びんかん》じゃて!
悪《あく》のにおいですって!? ふざけないで!
なぜ 追《お》いつけたの!?
あの人《ひと》ごみから 近《ちか》い公園《こうえん》の出口《でぐち》は 限《かぎ》られてるからな
それを見越《みこ》して 先回《さきまわ》りじゃよ!
もう逃《に》げられんぞ

ヘナヘナ…
チクショウ！
尾崎《おざき》さん！
つかまえてくれたんですね！
おじちゃんすごい！
ん？
この顔《かお》どこかで見《み》たことがあるような……
たしかに……
……
あ！
あの時《とき》お札《さつ》で鼻水《はなみず》かんでた成金《なりきん》さんだ！

どうしてパズルを盗《ぬす》んだんですか?
偶然《ぐうぜん》 あなたたちを見《み》かけて後《あと》をつけてたら
お嬢《じょう》ちゃんの持《も》っているこのパズルがとっても価値《かち》がありそうだったんで盗《ぬす》んで売《う》っちまおうかと
なんてことを!
お金《かね》なら燃《も》やすほどあるんじゃなかったんですか?
そうだ! そうだ!
う……
うえぇ～～ん
びえ～ん

TIME WARP memo
歴史なるほどメモ ⑨

大正時代の食べ物紹介

欧米の食べ物の多くは明治時代には日本に持ち込まれていましたが、初めは主に上流階級の人たちの食べ物でした。しかし、次第に洋食も一般的になり、大正時代には庶民も口にするようになって、新しい食べ物や飲み物も発売されました。その中には、今も広く親しまれているものもたくさんあります。

三大洋食

洋食は、食堂のシェフなどによって日本人の口に合うように工夫され、やがて、一般家庭でもつくられるようになりました。なかでもトンカツ、コロッケ、カレーライスは日本の三大洋食といわれました。

もの知りコラム

海軍から全国の家庭に広まったカレー

元はインド料理のカレーは、インドを植民地にしていたイギリスを経て、明治時代の日本に伝わりました。そして、栄養バランスのよい食事として海軍に取り入れられました。日露戦争の時には、全国から徴兵された兵士たちがこのカレーを知り、戦争が終わって故郷に帰ってから家庭でもつくるようになったのが、全国にカレーが広まったきっかけだといわれています。

「よこすか海軍カレー」のマスコット・スカレー
写真：朝日新聞社

大正時代《たいしょうじだい》の森永製菓《もりながせいか》の商品《しょうひん》の広告《こうこく》

箱入《はこい》りのキャラメル、ミルクチョコレート、ココアなどはいずれも大正時代《たいしょうじだい》に発売《はつばい》された

写真：森永製菓株式会社

大正生《たいしょうう》まれのお菓子《かし》・飲《の》み物《もの》

ルナ
どれも
好《す》き～っ！

一粒《ひとつぶ》300m

グリコ

キャラメルに貝《かい》のカキに含《ふく》まれるグリコーゲンという栄養素《えいようそ》を入《い》れていることから名《な》前《まえ》がついた　写真：江崎グリコ株式会社

初恋《はつこい》の味《あじ》

カルピス

日本初《にほんはつ》の乳酸菌飲料《にゅうさんきんいんりょう》「カルピス」。内《うち》モンゴルで今《いま》でも飲《の》まれている「発酵乳《はっこうにゅう》」という飲《の》み物《もの》をヒントに、「カルピス」は生《う》まれた

写真：アサヒ飲料株式会社

10章《しょう》
なぞが解《と》けた！

ヨーロッパで戦争《せんそう》が続《つづ》いている間《あいだ》は景気《けいき》が良《よ》くておもしろいほどもうかった
でも 戦争《せんそう》が終《お》わってしばらくすると景気《けいき》が悪《わる》くなって商品《しょうひん》が売《う》れなくなった
お金《かね》はどんどん減《へ》ってすっからかんになっちゃったんだよ～
そうだったんだ
ちょっとかわいそうかも
周《まわ》りにいた連中《れんちゅう》もお金《かね》がなくなったらあっという間《ま》にいなくなって今《いま》じゃひとりぼっち
しょせんこの世《よ》はお金《かね》
ビエ～ン
お金《かね》がない者《もの》には生《い》きていく価値《かち》はないのよね～ん
そんなことはない！

お金《かね》がない者《もの》には生《い》きていく価値《かち》がない？
バカなことを言《い》うな！
一部《いちぶ》の者《もの》たちだけが権力《けんりょく》を持《も》ち世《よ》の中《なか》を動《うご》かす時代《じだい》はもう終《お》わった！
終《お》わった！
グッ
今《いま》までは　歴史《れきし》の陰《かげ》に隠《かく》れてきた名《な》もなき人々《ひとびと》が
自分《じぶん》たちの手《て》で世《よ》の中《なか》を動《うご》かそうと立《た》ち上《あ》がった
だからこそ普通選挙《ふつうせんきょ》が実現《じつげん》したのだ！

お金《かね》がなくなった?
それがどうした!
堂々《どうどう》と胸《むね》を張《は》って
自分《じぶん》の意見《いけん》を述《の》べるがいい!
これからは
本当《ほんとう》の意味《いみ》での
デモクラシーの
世《よ》の中《なか》なのだからな!
ワー
ワー
ワー
だからな!
女子《じょし》の選挙権《せんきょけん》は
残念《ざんねん》ながら
今回《こんかい》は認《みと》められなかった
でも いつかはきっと
女性《じょせい》も男性《だんせい》と同《おな》じく
政治《せいじ》に参加《さんか》できる
世《よ》の中《なか》が来《く》る……
そのために 私《わたし》も
力《ちから》になると約束《やくそく》しよう
はい
ありがとうございます

……
お嬢《じょう》ちゃん 盗《ぬす》んだりして すまなかったな
これ返《かえ》すよ…
もう こんなこと しないでね!
いい子 いい子
ゆるして くれるのか…
パズルは返《かえ》ってきたけど それだけじゃ 元《もと》の時代《じだい》には戻《もど》れない
パズルのなぞを 解《と》かないと……
私《わたし》ももう一度《いちど》 心《こころ》を入《い》れ替《か》えて やり直《なお》してみるよ
焼《や》け野原《のはら》になった 東京《とうきょう》だって 数年《すうねん》でこんなに 復興《ふっこう》したんだからな
あの 52mもの高《たか》さのあった 凌雲閣《りょううんかく》は きれいさっぱりなくなったけど……

52m……
52……
ルナ！
貸《か》してくれ！
もしかすると……
……
やっぱりそうだ！
わかったのね！
コクリ
正解《せいかい》はきっと
これです！
シャッ
シャッ
シャッ

よし
これが正解《せいかい》…なの？
3ケタ 3ケタ 2ケタの 3つの数字《すうじ》がそれぞれ「高《たか》さ」を表《あらわ》しているんです
わかりやすく 赤《あか》で印をつけますね
高《たか》さ？
ええ いちばん下《した》の「52」
これは さっき成金《なりきん》さんも言《い》っていた 凌雲閣《りょううんかく》の高《たか》さ 52ｍを表《あらわ》します
キュッ
上《うえ》の2つは 東京《とうきょう》スカイツリーの 634ｍと 東京《とうきょう》タワーの 333ｍ
キュッ
キュッ

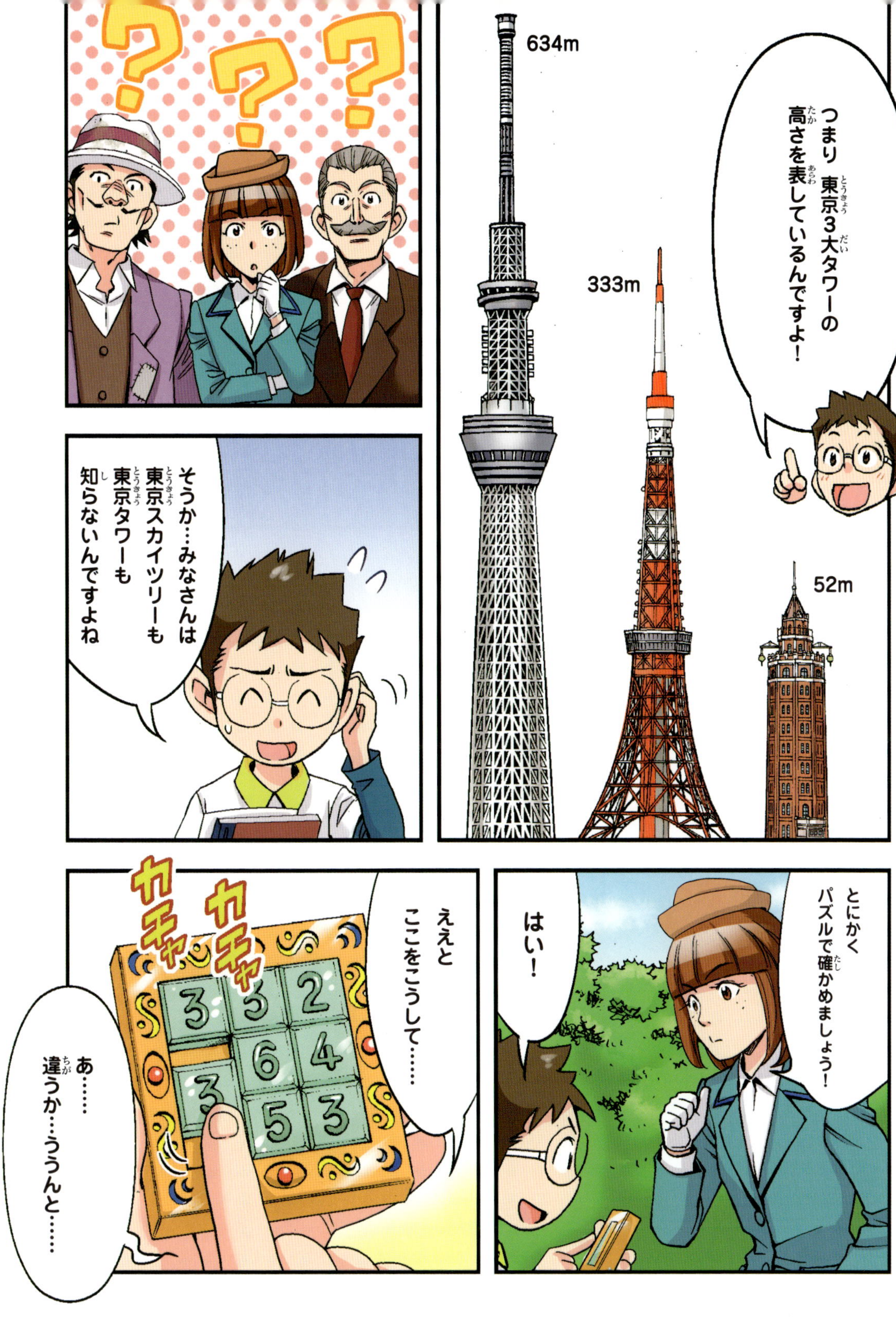

つまり 東京《とうきょう》3大《だい》タワーの高《たか》さを表《あらわ》しているんですよ！
634m
333m
52m
???
そうか…みなさんは東京《とうきょう》スカイツリーも東京《とうきょう》タワーも知《し》らないんですよね
とにかくパズルで確《たし》かめましょう！
はい！
ええと ここをこうして……
カチャカチャ
3 3 2
6 4
3 5 3
あ……違《ちが》うか…ううんと……

お兄《にい》ちゃん
ルナに任《まか》せて！
ハアアア…
アチョーーッ
パチパチパチパチ
おおっ
パチ
できた！
ファアアア！
6 3 4
3 3 3
5 2

ピカーッ
やったぁ！
光《ひか》ったぞ！
ということは これがきっと正解《せいかい》よ！
はい！
何《なん》のことか わからないが よかったのお
フフフ…
これも成金《なりきん》さんの おかげだよ ありがとう！
えっ!?
い…いやあ それほどでも

丸《まる》ビルのエレベーター
乱歩先生《らんぽせんせい》の推理《すいり》が正《ただ》しければこれを持《も》ってエレベーターに乗《の》れば元《もと》の時代《じだい》に戻《もど》れるはず……
大丈夫《だいじょうぶ》よ！乱歩先生《らんぽせんせい》原稿《げんこう》は遅《おそ》いけど推理《すいり》は一流《いちりゅう》だから！
ワクワク
…ケイコさんともお別《わか》れですね……
ええ？バイバイなの？ルナ もうちょっとケイコちゃんと遊《あそ》びたい！
わたしももっと遊《あそ》びたいわ……
でも ルナちゃんのお友達《ともだち》やお母《かあ》さん、お父《とう》さんもきっとルナちゃんたちと遊《あそ》びたいんじゃないかな？

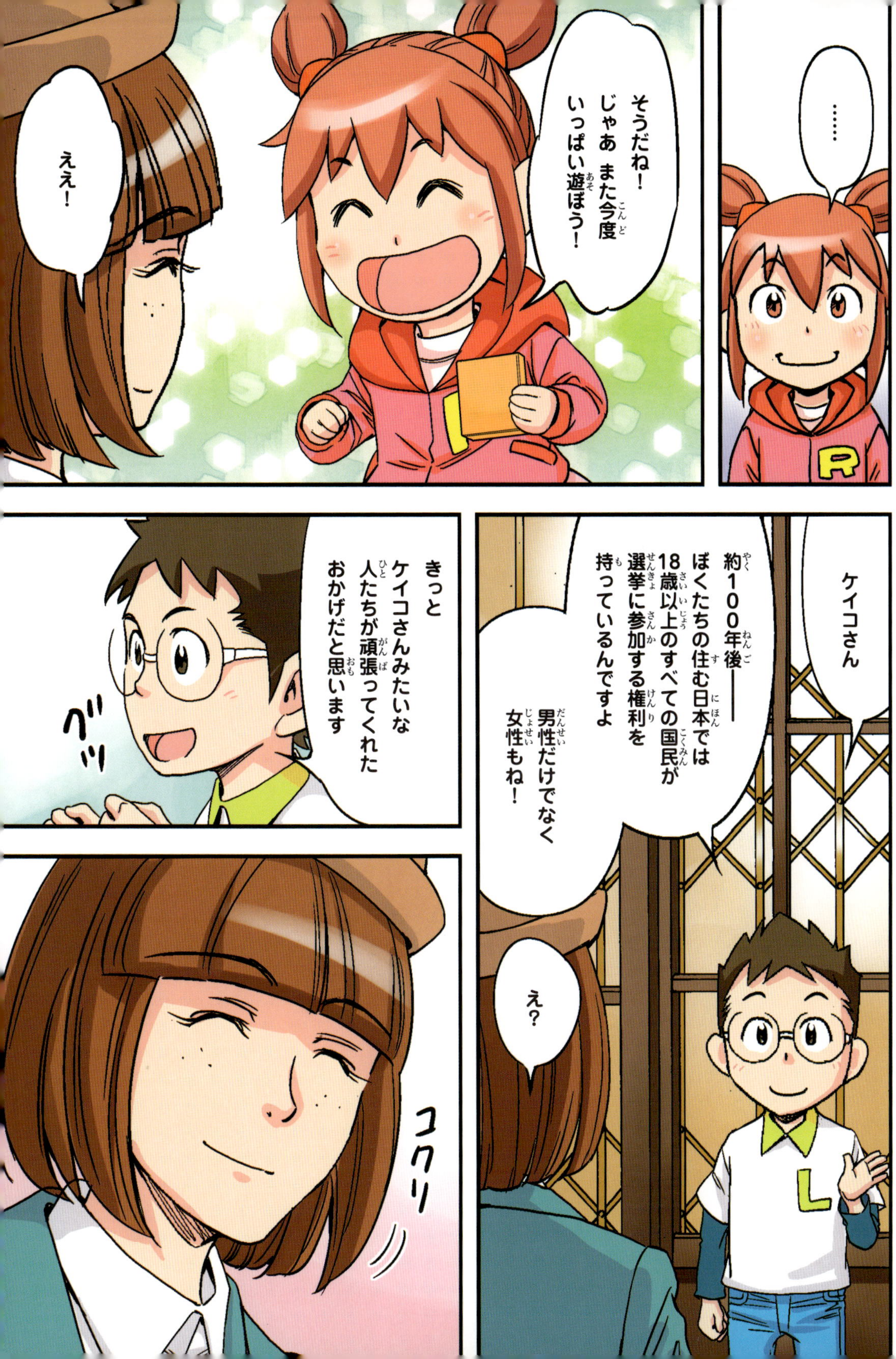
……
そうだね！ じゃあ また今度《こんど》 いっぱい遊《あそ》ぼう！
ええ！
ケイコさん
約《やく》100年後《ねんご》―― ぼくたちの住《す》む日本《にほん》では 18歳以上《さいいじょう》のすべての国民《こくみん》が 選挙《せんきょ》に参加《さんか》する権利《けんり》を 持《も》っているんですよ
男性《だんせい》だけでなく 女性《じょせい》もね！
え？
きっと ケイコさんみたいな 人《ひと》たちが頑張《がんば》ってくれた おかげだと思《おも》います
グッ
コクリ

じゃあ
お世話《せわ》になりました
なりました！
こちらこそ
元気《げんき》でね
さようなら！
さようなら！
ウィィィィ

よし！
元《もと》の時代《じだい》に帰《かえ》るぞ
ルナ！
ホイサーーッ
ゴゴ…
ゴゴゴゴゴゴゴ

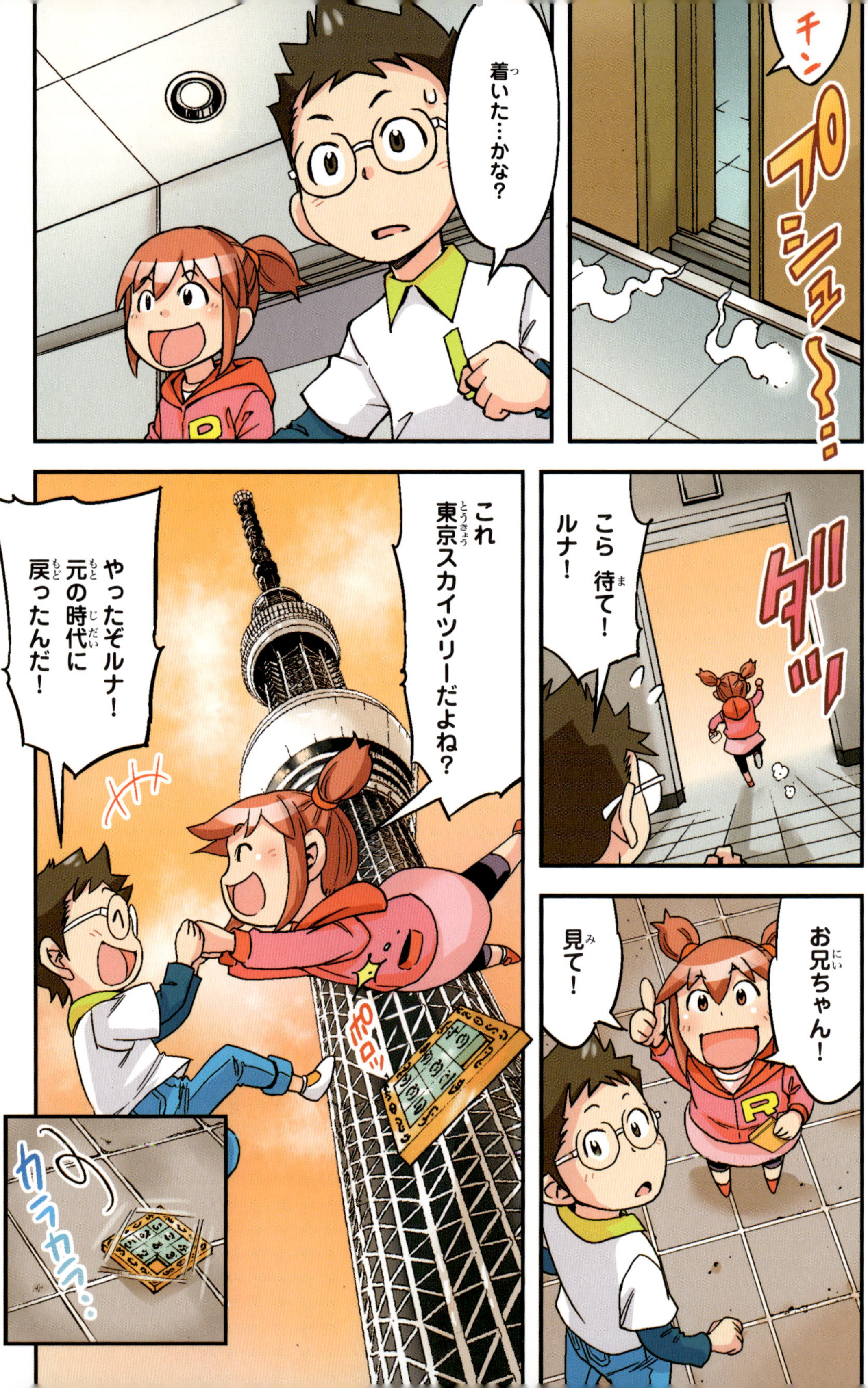
チン
プシュ〜〜…
着《つ》いた…かな？
こら 待《ま》て！ルナ！
ダダッ
これ 東京《とうきょう》スカイツリーだよね？
やったぞルナ！元《もと》の時代《じだい》に戻《もど》ったんだ！
ポロッ
お兄《にい》ちゃん！見《み》て！
カラカラ…

よし！おうちに帰《かえ》るか！母《かあ》さんが心配《しんぱい》してるといけないしな！
凌雲閣《りょううんかく》また連《つ》れてって！
お前《まえ》は元気《げんき》だな〜〜
うん！おもしろかった！
あれ？
何《なに》やってるの？展望台《てんぼうだい》に上《のぼ》るわよ！
わかったよ！
ゴソゴソ
いいもの見《み》っけ！
「大正時代《たいしょうじだい》へタイムワープ」終《お》わり。

長《なが》い不況《ふきょう》と戦争《せんそう》への道《みち》のり

① 短《みじか》い好景気《こうけいき》と長《なが》い不況《ふきょう》

第1次世界大戦《だいいちじせかいたいせん》は、日本《にほん》に好景気《こうけいき》をもたらしましたが（大戦景気《たいせんけいき》）、長続《ながつづ》きしませんでした。戦争《せんそう》が終《お》わると輸出品《ゆしゅつひん》が売《う》れなくなり、すぐに不況《ふきょう》がやってきたのです（戦後恐慌《せんごきょうこう》）。

戦争《せんそう》が終《お》わると 外国《がいこく》への輸出品《ゆしゅつひん》がなかなか売《う》れなくなってしまったんだよ

さらに、1923（大正《たいしょう》12）年《ねん》の関東大震災《かんとうだいしんさい》は、日本《にほん》の経済《けいざい》に大《おお》きな打撃《だげき》を与《あた》えました。不況《ふきょう》は大正《たいしょう》時代《じだい》が終《お》わり、昭和時代《しょうわじだい》に入《はい》っても続《つづ》きました。

都会《とかい》では失業者《しつぎょうしゃ》があふれ、農村《のうそん》でも農作物《のうさくぶつ》の値段《ねだん》が大《おお》きく下《さ》がって生活《せいかつ》が苦《くる》しくなりました。

② 満州国《まんしゅうこく》の建国《けんこく》

満州《まんしゅう》（中国東北部《ちゅうごくとうほくぶ》）は、日露戦争《にちろせんそう》でその一部《いちぶ》を支《し》配《はい》して以降《いこう》、日本《にほん》が開発《かいはつ》を進《すす》めていた土地《とち》でした。政府《せいふ》や軍《ぐん》の中《なか》には、この満州《まんしゅう》こそ日本《にほん》の経済《けいざい》を守《まも》るための大事《だいじ》な場所《ばしょ》だと考《かんが》える人々《ひとびと》がいました。

1931（昭和《しょうわ》6）年《ねん》、満州《まんしゅう》で日本《にほん》が経営《けいえい》する鉄《てつ》道《どう》が爆破《ばくは》されるという事件《じけん》が起《お》きました。じつは日本《にほん》軍《ぐん》の一部《いちぶ》による自作自演《じさくじえん》だったのですが、日本軍《にほんぐん》はこれを中国軍《ちゅうごくぐん》のしわざとして、攻撃《こうげき》を始《はじ》めます（満州《まんしゅう》事変《じへん》）。そして満州全土《まんしゅうぜんど》を占領《せんりょう》し、1932（昭和《しょうわ》7）年《ねん》に満州国《まんしゅうこく》をつくりました。この国《くに》は独立国《どくりつこく》とされながら、実際《じっさい》は日本軍《にほんぐん》が政治《せいじ》の実権《じっけん》をにぎっていました。

満州国《まんしゅうこく》をつくることに日本《にほん》の政府《せいふ》は反対《はんたい》していたけど 軍《ぐん》の一部《いちぶ》が独断《どくだん》で行《おこな》ったんだ

満州国《まんしゅうこく》の皇帝《こうてい》となった溥儀《ふぎ》

中国《ちゅうごく》では1912年《ねん》に清《しん》が滅《ほろ》び、中華民国《ちゅうかみんこく》が誕生《たんじょう》した。溥儀《ふぎ》は清《しん》の最後《さいご》の皇帝《こうてい》だった

③軍人《ぐんじん》による反乱《はんらん》とクーデター

軍《ぐん》の力《ちから》が強《つよ》まっていくなか、海軍《かいぐん》の青年将校《せいねんしょうこう》たちがクーデターを起《お》こし、当時《とうじ》の総理大臣《そうりだいじん》だった犬養毅《いぬかいつよし》らを暗殺《あんさつ》するという事件《じけん》が起《お》きました。1932（昭和《しょうわ》7）年《ねん》の5月《がつ》15日《にち》に起《お》きたので、五《ご》・一五事件《いちごじけん》と呼《よ》ばれます。

次《つ》いで1936（昭和《しょうわ》11）年《ねん》2月《がつ》26日《にち》には、陸軍《りくぐん》の青年将校《せいねんしょうこう》たちが反乱未遂事件《はんらんみすいじけん》を起《お》こしました。これは二《に》・二六《にろく》事件《じけん》と呼《よ》ばれます。

こうしたクーデターや反乱事件《はんらんじけん》を通《とお》して、軍《ぐん》は政治《せいじ》への発言力《はつげんりょく》をどんどん強《つよ》めていったのでした。

二《に》・二六事件《にろくじけん》で警視庁《けいしちょう》を占拠《せんきょ》した陸軍《りくぐん》の青年将校《せいねんしょうこう》たち

④日中戦争《にっちゅうせんそう》と太平洋戦争《たいへいようせんそう》への道《みち》

満州国《まんしゅうこく》の建国後《けんこくご》、中国《ちゅうごく》での勢力《せいりょく》を拡大《かくだい》する日本《にほん》に対《たい》して、中国《ちゅうごく》は抵抗《ていこう》を強《つよ》めていきました。

そして1937（昭和《しょうわ》12）年《ねん》7月《がつ》、ついに日本軍《にほんぐん》と中国軍《ちゅうごくぐん》は中国《ちゅうごく》・北京《ペキン》の郊外《こうがい》で軍事衝突《ぐんじしょうとつ》を起《お》こしたのです（盧溝橋事件《ろこうきょうじけん》）。

日本政府《にほんせいふ》はこれ以上戦火《いじょうせんか》を広《ひろ》げたくないと思《おも》っていましたが、軍《ぐん》の強硬派《きょうこうは》や世論《よろん》におされて、ついに中国《ちゅうごく》との全面戦争《ぜんめんせんそう》にふみきりました（日中戦争《にっちゅうせんそう》）。

この戦争《せんそう》は泥沼《どろぬま》の長期戦《ちょうきせん》となり、国際的《こくさいてき》な孤立《こりつ》を深《ふか》めた日本《にほん》は1941（昭和《しょうわ》16）年《ねん》、太平洋戦争《たいへいようせんそう》に突入《とつにゅう》することになるのです。

中国《ちゅうごく》の上海《シャンハイ》を進軍《しんぐん》する日本《にほん》の戦車部隊《せんしゃぶたい》

写真：すべて朝日新聞社

教《おし》えて!! 河合先生《かわいせんせい》

ぼくといっしょに、
タイムワープの冒険《ぼうけん》を振《ふ》り返《かえ》ろう。
マンガの裏話《うらばなし》や、時代《じだい》にまつわる
おもしろ話《ばなし》も紹介《しょうかい》するよ!

歴史研究家《れきしけんきゅうか》：河合《かわい》 敦先生《あつしせんせい》

大正時代《たいしょうじだい》おまけ話《ばなし》

1

大正時代《たいしょうじだい》 ヒトコマ 博物館《はくぶつかん》

同潤会《どうじゅんかい》アパート
（写真《しゃしん》は青山《あおやま》アパートメント）

◀関東大震災《かんとうだいしんさい》のあと、ケイコの新《あたら》しい家《いえ》に招《まね》かれたライトとルナ。そこは、以前《いぜん》のボロボロの木造《もくぞう》の長屋《ながや》とは違《ちが》った鉄筋《てっきん》アパートだった

クレジットのない写真：すべて朝日新聞社

ケイコさんが住《す》んでたアパートかも?

河合先生《かわいせんせい》：ライト、ルナ、お帰《かえ》り！ パズルが解《と》けてよかったね。ライトはなぞときが得意《とくい》なんだね、すごいな～！

ライト：尊敬《そんけい》する江戸川乱歩先生《えどがわらんぼせんせい》とケイコさんのおかげです。

私《わたし》の本《ほん》、
『暗号記法《あんごうきほう》の分類《ぶんるい》』
が役立《やくだ》ったね

ルナ：ルナ、ケイコちゃんともうちょっと遊《あそ》びたかった！

河合先生《かわいせんせい》：ケイコさんは、関東大震災《かんとうだいしんさい》（↓106ページ）を乗《の》り越《こ》えて、職業婦人《しょくぎょうふじん》として、たくましく大正時代《たいしょうじだい》を生《い》きていたね。

ライト：その震災《しんさい》のあとに住《す》んでいた新《あたら》しいアパートがキレイでびっくりしました。

河合先生《かわいせんせい》：もしかしたら、ケイコさんのアパートは、「同潤会《どうじゅんかい》アパート」（↓123ページ）だったのかもね。全部《ぜんぶ》で16カ所《しょ》あった同潤会《どうじゅんかい》アパートは、実《じつ》はつい最近《さいきん》まで残《のこ》っていたんだ。

ルナ：へー、そうなの?

河合先生《かわいせんせい》：最後《さいご》の「上野下《うえのした》アパートメント」が解体《かいたい》されたのは2013（平成《へいせい》25）年《ねん》。右《みぎ》の写真《しゃしん》は、東京《とうきょう》の渋谷区《しぶやく》にあった「青山《あおやま》アパートメント」で、今《いま》は店《みせ》が入《はい》った「表参道《おもてさんどう》ヒルズ」という、おしゃれなビルに生《う》まれ変《か》わってるよ。

ライト：ケイコさん、どこのアパートメントに暮《く》らしてたんだろう?

河合先生《かわいせんせい》：東京駅《とうきょうえき》や東京大学《とうきょうだいがく》の安田講堂《やすだこうどう》など、大正時代《たいしょうじだい》にできて、今《いま》も使用《しよう》されている建築《けんちく》がまだ残《のこ》っているよ。今度《こんど》、見学《けんがく》に行《い》こう！

◀▲同潤会《どうじゅんかい》アパートのひとつである「代官山《だいかんやま》アパートメント」の住《す》まいの内部《ないぶ》

写真：UR都市機構集合住宅歴史館

ケイコちゃんの
お家《うち》とよく似《に》てる
かもー!!

▲表参道《おもてさんどう》ヒルズには、当時《とうじ》のアパートの一部《いちぶ》が再利用《さいりよう》された建物《たてもの》がある

2

大正時代《たいしょうじだい》
ビックリ報告《ほうこく》

▲決勝戦《けっしょうせん》は京都《きょうと》二中《にちゅう》と秋田中《あきたちゅう》でおこなわれた。試合《しあい》は延長戦《えんちょうせん》になり、十三《じゅうさん》回裏《かいうら》に京都《きょうと》二中《にちゅう》がサヨナラで優勝《ゆうしょう》

第《だい》1回参加校《かいさんかこう》はたった10校《こう》！「夏《なつ》の甲子園《こうしえん》」が始《はじ》まった

▶始球式《しきゅうしき》は当時《とうじ》の朝《あさ》日新聞社《ひしんぶんしゃ》の社長《しゃちょう》（右《みぎ》端《はし》）がおこなった。左《ひだり》端《はし》の選手《せんしゅ》以外《いがい》のかっこうが、当時《とうじ》の雰囲《ふんい》気《き》をあらわしている

統一《とういつ》ルールもこの時《とき》決《き》めた

1915（大正《たいしょう》4）年《ねん》8月《がつ》18日《にち》、第《だい》1回《かい》全国中等学校優勝野球大会《ぜんこくちゅうとうがっこうゆうしょうやきゅうたいかい》がおこなわれました。これが、全国高等学校野球選手権大《ぜんこくこうとうがっこうやきゅうせんしゅけんたい》会《かい》（夏《なつ》の甲子園《こうしえん》）の始《はじ》まりです。

第《だい》1回《かい》の参加校《さんかこう》は、東北《とうほく》から九州《きゅうしゅう》までの9地区《ちく》の予選《よせん》を勝《か》ち抜《ぬ》いた学校《がっこう》と、春《はる》の東《とう》京都《きょうと》下大会《かたいかい》で優勝《ゆうしょう》した早稲田実業《わせだじつぎょう》の、たった10校《こう》でした。球場《きゅうじょう》も兵庫県《ひょうごけん》の阪神甲子園《はんしんこうしえん》球場《きゅうじょう》ではなく、大阪《おおさか》の豊中球場《とよなかきゅうじょう》でした。当《とう》時《じ》は野球《やきゅう》のルールも統一《とういつ》されていなくてバラバラだったので、この時《とき》に決《き》めたそうです。

写真：すべて朝日新聞社

騒動《そうどう》や戦争《せんそう》で中止《ちゅうし》になったことも

当時《とうじ》の日本《にほん》は第《だい》1次世界大戦《じせかいたいせん》（↓25ページ）の最中《さいちゅう》でした。大戦《たいせん》の影響《えいきょう》で起《お》きた米《こめ》騒動《そうどう》（↓25ページ）のため、第《だい》4回大会《かいたいかい》は中止《ちゅうし》になりました。このほかにも、太平洋《たいへいよう》戦争《せんそう》から敗戦《はいせん》までの5年間《ねんかん》も中止《ちゅうし》になりました。野球《やきゅう》を愛《あい》する若者《わかもの》のあこがれである夏《なつ》の甲子園《こうしえん》ですが、日本《にほん》が平和《へいわ》で安全《あんぜん》だからこそおこなうことができると覚《おぼ》えておきたいですね。

▲第《だい》1回大会《かいたいかい》で応援《おうえん》している人《ひと》たち。男性《だんせい》がかぶっている帽子《ぼうし》は、紳士《しんし》がかぶるものとして当時《とうじ》はやっていたカンカン帽《ぼう》

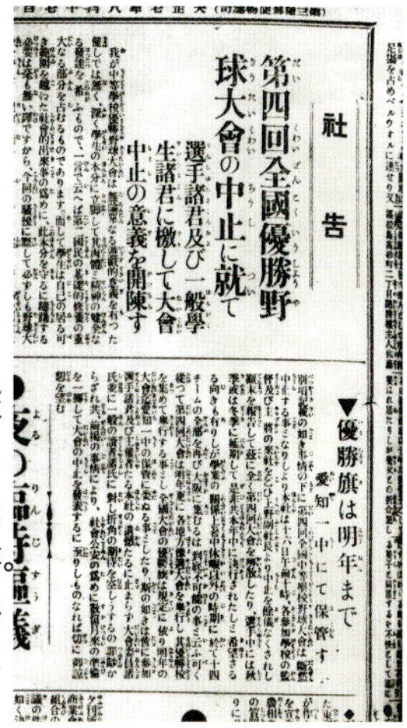

社告

第四回全國優勝野球大會の中止に就て

選手諸君及び一般學生諸君に檄して大會中止の意義を闡陳す

▼優勝旗は明年まで愛知一中にて保管す

▶1918（大正《たいしょう》7）年《ねん》の米騒動《こめそうどう》により、第《だい》4回大会《かいたいかい》が中止《ちゅうし》になったことを伝《つた》える新聞記事《しんぶんきじ》。予選《よせん》を勝《か》ち抜《ぬ》いた14校《こう》が大阪入《おおさかい》りしていたが、中止《ちゅうし》となった

▲第《だい》10回大会《かいたいかい》からは、1924（大正《たいしょう》13）年《ねん》に完成《かんせい》した甲子《こうし》園球場《えんきゅうじょう》で開催《かいさい》されるようになった

宝塚《たからづか》の第《だい》1回公演《かいこうえん》も大正時代《たいしょうじだい》！

1914（大正《たいしょう》3）年《ねん》、兵庫県宝塚《ひょうごけんたからづか》市《し》にあった「宝塚新温泉《たからづかしんおんせん》」という温泉《おんせん》施設《しせつ》で「宝塚少女歌劇養成会《たからづかしょうじょかげきようせいかい》（現在《げんざい》の宝塚歌劇団《たからづかかげきだん》）」が初公演《はつこうえん》をおこないました。

女性《じょせい》だけによる劇団《げきだん》は世界《せかい》でも珍《めずら》しく、大人気《だいにんき》となりました。歌《うた》・ダンス・劇《げき》を組《く》み合《あ》わせた「レビュー」などの華《はな》やかな舞台《ぶたい》は現在《げんざい》も続《つづ》き、熱狂的《ねっきょうてき》なファンに支持《しじ》されています。

▲歌劇団《かげきだん》が誕生《たんじょう》したきっかけは、1910（明治《めいじ》43）年《ねん》に、箕面有馬電気軌道《みのおありまでんききどう》（写真《しゃしん》。現在《げんざい》の阪急電鉄《はんきゅうでんてつ》）が開業《かいぎょう》したこと。沿線《えんせん》の温泉施設《おんせんしせつ》で客《きゃく》を楽《たの》しませようと結成《けっせい》された

3

大正時代《たいしょうじだい》
ニンゲンファイル

平塚雷鳥《ひらつからいちょう》

女性《じょせい》たちに「新《あたら》しい生《い》き方《かた》」を示《しめ》した

写真：朝日新聞社

▲女性《じょせい》だけの手《て》による文芸誌《ぶんげいし》『青鞜《せいとう》』結成当時《けっせいとうじ》のメンバー。平塚雷鳥《ひらつからいちょう》は後列《こうれつ》の左《ひだり》から２人目《ふたりめ》。創刊号《そうかんごう》のはじめには、「元始《げんし》、女性《じょせい》は実《じつ》に太陽《たいよう》であった。真正《しんせい》の人《ひと》であった。今《いま》、女性《じょせい》は月《つき》である。他《た》に依《よ》って生《い》き、他《た》の光《ひかり》によって輝《かがや》く病人《びょうにん》のやうな《（よう）》蒼白《あおじろ》い顔《かお》の月《つき》である」と宣言《せんげん》し、女性《じょせい》の自立《じりつ》を呼《よ》びかけた

男尊女卑《だんそんじょひ》っておかしくない？

平塚雷鳥《ひらつからいちょう》（→57ページ）は、明治《めいじ》・大正《たいしょう》・昭和《しょうわ》にかけて活躍《かつやく》した活動家《かつどうか》です。長《なが》い間《あいだ》、日本《にほん》に根《ね》づいていた「男尊女卑《だんそんじょひ》（女《おんな》は男《おとこ》より下《した》）」という考《かんが》え方《かた》に、「それはおかしい」と疑問《ぎもん》を持《も》ち、自分《じぶん》らしく生《い》きるために立《た》ち上《あ》がった女性《じょせい》でした。

平塚雷鳥《ひらつからいちょう》（1886～1971年《ねん》）

本名《ほんみょう》・平塚明《ひらつかはる》。東京都出身《とうきょうとしゅっしん》、日本女子大学校卒《にほんじょしだいがっこうそつ》。明治《めいじ》～昭和時代《しょうわじだい》の女性解放運動家《じょせいかいほううんどうか》。1911（明治《めいじ》44）年《ねん》、女性《じょせい》だけでつくった文芸誌《ぶんげいし》『青鞜《せいとう》』を刊行《かんこう》。ほかにも、婦人参政権運動《ふじんさんせいけんうんどう》や、戦後《せんご》は平和運動《へいわうんどう》にも関《かか》わった。

長《なが》く埋《う》もれていた、大正《たいしょう》・昭和《しょうわ》の童謡詩人《どうようしじん》

金子《かねこ》みすゞ《(ず)》

当時《とうじ》の有名《ゆうめい》な詩人《しじん》も絶賛《ぜっさん》

金子《かねこ》みすゞは、大正時代後期《たいしょうじだいこうき》から昭和初期《しょうわしょき》に活躍《かつやく》した詩人《しじん》です。女学校《じょがっこう》を卒業《そつぎょう》して、叔父《おじ》の書店《しょてん》を手伝《てつだ》っていたみすゞは、20歳《さい》の頃《ころ》から童謡《どうよう》・童話雑誌《どうわざっし》などに詩《し》を投稿《とうこう》するようになります。彼女《かのじょ》の詩《し》は、みすゞが尊敬《そんけい》する有名《ゆうめい》な詩人《しじん》・西条八十《さいじょうやそ》に絶賛《ぜっさん》され、女性詩人《じょせいしじん》として期待《きたい》されるようになりました。

不幸《ふこう》な結婚生活《けっこんせいかつ》

みすゞは叔父《おじ》のすすめで23歳《さい》で結婚《けっこん》します。すぐ娘《むすめ》に恵《めぐ》まれたものの、夫《おっと》はみすゞが詩《し》をつくることを許《ゆる》さなかったりしたため、離婚《りこん》します。娘《むすめ》はみすゞが育《そだ》てる約束《やくそく》でしたが、夫《おっと》はその約束《やくそく》を守《まも》ろうとしませんでした。これに抵抗《ていこう》するため、みすゞは自殺《じさつ》しました。

金子《かねこ》みすゞの作品《さくひん》は、長《なが》い間埋《あいだう》もれていましたが、1980年代《ねんだい》に再《ふたた》び注目《ちゅうもく》されるようになります。今《いま》では、小学校《しょうがっこう》の国語《こくご》の教科書《きょうかしょ》などでも紹介《しょうかい》されています。

金子《かねこ》みすゞ（1903～1930年《ねん》）

本名《ほんみょう》・金子《かねこ》テル。山口県出身《やまぐちけんしゅっしん》の童謡詩人《どうようしじん》。10代半《だいなか》ばから詩《し》をつくるようになり、生涯《しょうがい》で500編《ぺん》ほどの作品《さくひん》をつくったとされる。26歳《さい》で自殺《じさつ》。代表作《だいひょうさく》に「私《わたし》と小鳥《ことり》と鈴《すず》と」「大漁《たいりょう》」などがある。

良《よ》き妻《つま》・良《よ》き母《はは》なんて関係《かんけい》ない！

裕福《ゆうふく》な家《いえ》に生《う》まれた雷鳥《らいちょう》ですが、父親《ちちおや》は厳《きび》しく、「女《おんな》は親《おや》の決《き》めた相手《あいて》と結婚《けっこん》すればいい」という考《かんが》えの持《も》ち主《ぬし》でした。しかも、せっかく進《すす》んだ女子大学校《じょしだいがっこう》も、良《よ》き妻《つま》・良《よ》き母《はは》になるための教育《きょういく》がほとんど。妻《つま》や母《はは》になる以外《いがい》に女性《じょせい》は生《い》きる道《みち》はないの？　雷鳥《らいちょう》は卒業後《そつぎょうご》も悩《なや》み続《つづ》けました。

常識《じょうしき》になんてとらわれない！

25歳《さい》の時《とき》、雷鳥《らいちょう》は参加《さんか》していた文学講習会《ぶんがくこうしゅうかい》の講師《こうし》・生田長江《いくたちょうこう》に、「女性《じょせい》だけで雑誌《ざっし》をつくってみたら？」とすすめられます。そして、ついに『青鞜《せいとう》』という文芸誌《ぶんげいし》を発行《はっこう》し、その中《なか》で女性《じょせい》の自立《じりつ》や権利《けんり》について主張《しゅちょう》しました。

雷鳥《らいちょう》はその後《ご》も、パートナーと婚姻届《こんいんとどけ》を出《だ》さずに同居《どうきょ》する「事実婚《じじつこん》」を選《えら》ぶなど、常識《じょうしき》にとらわれない、女性《じょせい》の最先端《さいせんたん》の生《い》き方《かた》を示《しめ》し、85歳《さい》で亡《な》くなりました。

4

大正時代《たいしょうじだい》ウンチクこぼれ話《ばなし》

【甲子園《こうしえん》の土《つち》、いつから？】

夏《なつ》の甲子園《こうしえん》では、敗《やぶ》れた選手《せんしゅ》たちが球場《きゅうじょう》の土《つち》を持《も》ち帰《かえ》ることがあります。これは、1949（昭和《しょうわ》24）年《ねん》に準々決勝《じゅんじゅんけっしょう》で敗《やぶ》れた福岡《ふくおか》代表《だいひょう》・小倉北高校《こくらきたこうこう》のピッチャーが、土《つち》をつかんでポケットに入《い》れたのが始《はじ》まりとされています。

▶1958（昭和《しょうわ》33）年《ねん》、甲子園《こうしえん》の土《つち》を持《も》ち帰《かえ》る沖縄代表《おきなわだいひょう》・首里高校《しゅりこうこう》の選手《せんしゅ》たち。しかし、当時《とうじ》の沖縄《おきなわ》はアメリカの統治下《とうちか》だったため、「海外《かいがい》」から土《つち》は持《も》ち込《こ》めず、海《うみ》に捨《す》てられた

クレジットのない写真：すべて朝日新聞社

【子《こ》どものおしゃれ】

▲大正時代《たいしょうじだい》の小学生《しょうがくせい》の通学姿《つうがくすがた》

人々《ひとびと》の着《き》る服《ふく》が、和服《わふく》から洋服《ようふく》に変《か》わったのも大正時代《たいしょうじだい》のことです。特《とく》に子《こ》ども向《む》けの洋服《ようふく》は、動《うご》きやすく、洗《せん》たくしやすく、また和服《わふく》よりも安《やす》くかんたんにつくれたため、おとなの洋服《ようふく》より先《さき》に広《ひろ》まりました。当時《とうじ》おしゃれだと人気《にんき》だったのがセーラー服《ふく》。男《おとこ》の子《こ》も女《おんな》の子《こ》も着《き》て、大流行《だいりゅうこう》しました。

【なぜノーベル賞《しょう》を逃《のが》したの？】

千円札《せんえんさつ》の顔《かお》でおなじみの野口英世《のぐちひでよ》（1876～1928年《ねん》）は、主《おも》に明治《めいじ》から大正時代《たいしょうじだい》に世界的《せかいてき》に活躍《かつやく》した科学者《かがくしゃ》です。彼《かれ》は、細菌《さいきん》の梅毒《ばいどく》スピロヘータ関連《かんれん》の研究《けんきゅう》が認《みと》められ、1914（大正《たいしょう》3）年《ねん》にノーベル医学生理学賞《いがくせいりがくしょう》の候補《こうほ》となりましたが、惜《お》しくも受賞《じゅしょう》できませんでした。その後《ご》4年間《ねんかん》は第《だい》1次世界大戦《じせかいたいせん》の影響《えいきょう》で、医学生理《いがくせいり》学賞《がくしょう》は「該当《がいとう》なし」が続《つづ》きます。そして1920（大正《たいしょう》9）年《ねん》にまたしても候補《こうほ》になりましたが、やはり受賞《じゅしょう》を逃《のが》しました。

もしも戦争《せんそう》がなかったら、受賞《じゅしょう》できていたかもしれませんね。

日本人初《にほんじんはつ》の
ノーベル賞《しょう》
受賞者《じゅしょうしゃ》に
なりたかった……

▲野口英世《のぐちひでよ》のふるさと・福島県猪苗《ふくしまけんいなわ》代町《しろまち》にある野口英世《のぐちひでよ》の像《ぞう》

【大正時代《たいしょうじだい》に誕生《たんじょう》した楽器《がっき》】

1912（大正《たいしょう》1）年《ねん》に開発《かいはつ》された楽器《がっき》「大正琴《たいしょうごと》」。今《いま》までの琴《こと》より音《おと》がかんたんに取《と》れることなどから大人気《だいにんき》になりました。

▲大正琴《たいしょうごと》。左手《ひだりて》で鍵《けん》をおさえながら右手《みぎて》のピックで弦《げん》をはじくと音《おと》が出《で》る

写真：ピクスタ

ルナのおばあちゃんもコレ持《も》っているよ!

【これからは空《そら》だ!】

▲1910（明治《めいじ》43）年《ねん》、日本《にほん》で初《はじ》めての飛行船《ひこうせん》「山田式《やまだしき》1号《ごう》」が完成《かんせい》。次《つぎ》の年《とし》には人《ひと》を乗《の》せた有人飛行《ゆうじんひこう》にも成功《せいこう》した

1903年《ねん》、アメリカのライト兄弟《きょうだい》がエンジンのついた飛行機《ひこうき》で空《そら》を飛《と》ぶことに成功《せいこう》しました。それからというもの、空《そら》を飛《と》ぶ技術《ぎじゅつ》の発達《はったつ》はめざましく、日本《にほん》でも明治《めいじ》の終《お》わりから大正《たいしょう》にかけて、たくさんの飛《ひ》行機《こうき》や飛行船《ひこうせん》が飛《と》ぶようになりました。

【学校《がっこう》に必《かなら》ずいた人《ひと》】

みなさんの学校《がっこう》には、下《した》の写真《しゃしん》のように、本《ほん》を読《よ》みながら歩《ある》く像《ぞう》はありますか? これは江戸時代《えどじだい》に貧《まず》しい生《う》まれながら一生懸命《いっしょうけんめい》勉強《べんきょう》し、農民《のうみん》のために立派《りっぱ》な仕事《しごと》をした二宮金次郎《にのみやきんじろう》（二宮尊徳《にのみやそんとく》）がモデルです。大《たい》正時代《しょうじだい》から、日本中《にほんじゅう》の小学校《しょうがっこう》に建《た》てられました。

「彼《かれ》をお手本《てほん》によく勉強《べんきょう》して、国《くに》の役《やく》に立《た》つおとなになってほしい」という、当時《とうじ》の学校教育《がっこうきょういく》の考《かんが》え方《かた》があらわれています。

今《いま》はあまり見《み》かけないかも

大正時代《たいしょうじだい》の話《はなし》はこれでおしまい! 別《べつ》の時代《じだい》で、また会《あ》おうね!

大正《たいしょう》時代《じだい》～昭和《しょうわ》時代《じだい》初《はじ》め年表《ねんぴょう》

大正時代《たいしょうじだい》

1912年《ねん》	第《だい》1次《じ》護憲運動《ごけんうんどう》（藩閥政治《はんばつせいじ》を批判《ひはん》し政党政治《せいとうせいじ》を求《もと》める運動《うんどう》）が始《はじ》まる
1914年《ねん》	東京駅《とうきょうえき》が完成《かんせい》する
	宝塚少女歌劇養成会《たからづかしょうじょかげきようせいかい》（現在《げんざい》の宝塚歌劇団《たからづかかげきだん》）の第《だい》1回公演《かいこうえん》が行《おこな》われる。
	第《だい》1次世界大戦《じせかいたいせん》が始《はじ》まり、日本《にほん》も参戦《さんせん》する
1915年《ねん》	中国《ちゅうごく》に「二十一カ条《にじゅういちかじょう》の要求《ようきゅう》」を出《だ》す
	第《だい》1回全国中等学校優勝野球大会《かいぜんこくちゅうとうがっこうゆうしょうやきゅうたいかい》（現在《げんざい》の全国高等学校野球選手権大会《ぜんこくこうとうがっこうやきゅうせんしゅけんたいかい》〈夏《なつ》の甲子園《こうしえん》〉）が開《ひら》かれる
	大戦景気《たいせんけいき》が始《はじ》まる
1918年《ねん》	富山県《とやまけん》の魚津《うおづ》で米騒動《こめそうどう》が起《お》き、全国《ぜんこく》に広《ひろ》がる
	第《だい》1次世界大戦《じせかいたいせん》が終《お》わる
1920年《ねん》	国際連盟《こくさいれんめい》に加入《かにゅう》する。戦後恐慌《せんごきょうこう》が始《はじ》まる。平塚雷鳥《ひらつからいちょう》らが新婦人協会《しんふじんきょうかい》をつくる

時代	年	できごと
	1922年《ねん》	全国水平社設立大会《ぜんこくすいへいしゃせつりつたいかい》が行《おこな》われる
	1923年《ねん》	関東大震災《かんとうだいしんさい》
	1924年《ねん》	第《だい》2次護憲運動《じごけんうんどう》（政党政治《せいとうせいじ》や普通選挙《ふつうせんきょ》を求《もと》める運動《うんどう》）が始《はじ》まる 憲政会《けんせいかい》、立憲政友会《りっけんせいゆうかい》、革新倶楽部《かくしんくらぶ》の3つの政党《せいとう》による護憲三派内閣《ごけんさんぱないかく》ができる
	1925年《ねん》	ラジオ放送《ほうそう》が始《はじ》まる。治安維持法《ちあんいじほう》、普通選挙法《ふつうせんきょほう》が公布《こうふ》される
昭和時代《しょうわじだい》	1927年《ねん》	金融恐慌《きんゆうきょうこう》が始《はじ》まる
	1931年《ねん》	満州事変《まんしゅうじへん》（～1933年《ねん》。満州《まんしゅう》で起《お》きた日本軍《にほんぐん》と中国軍《ちゅうごくぐん》の武力衝突《ぶりょくしょうとつ》）
	1932年《ねん》	五《ご》・一五事件《いちごじけん》（海軍《かいぐん》の青年将校《せいねんしょうこう》らによる反乱事件《はんらんじけん》）
	1933年《ねん》	国際連盟《こくさいれんめい》を脱退《だったい》する
	1936年《ねん》	二《に》・二六事件《にろくじけん》（陸軍《りくぐん》の青年将校《せいねんしょうこう》らによるクーデター未遂事件《みすいじけん》）
	1937年《ねん》	日中戦争《にっちゅうせんそう》が始《はじ》まる（～1945年《ねん》）

監修　河合敦
編集デスク　大宮耕一、橋田真琴
編集スタッフ　泉ひろえ、河西久実、庄野勢津子、十枝慶二、中原崇
シナリオ　十枝慶二
作画協力　清水洋三、すのうちよしこ
着彩協力　楠美マユラ、合同会社スリーペンズ（chimaki、宮崎薫里絵、楠久恵）
コラムイラスト　相馬哲也、番場江里佳、イセケヌ

参考文献　『早わかり日本史』河合敦著 日本実業出版社／『詳説 日本史研究 改訂版』佐藤信・五味文彦・高埜利彦・鳥海靖編 山川出版社／『山川 詳説日本史図録』詳説日本史図録編集委員会編 山川出版社／『21 世紀こども百科　歴史館』小学館／『ニューワイドずかん百科　ビジュアル日本の歴史』学研／『ビジュアル大正クロニクル』世界文化社／『明治・大正図誌３　東京（三）』筑摩書房／『大正風俗スケッチ東京あれこれ』竹内重雄画・文 図書刊行会／『ビジュアルガイド　明治・大正・昭和のくらし２　大正のくらしと文化』汐文社／「週刊マンガ日本史　改訂版」89、90 号 朝日新聞出版

※本シリーズのマンガは、史実をもとに脚色を加えて構成しています。

大正時代《たいしょうじだい》へタイムワープ

2018年３月30日　第１刷発行
2022年６月20日　第７刷発行

著　者　マンガ：柏葉比呂樹／ストーリー：チーム・ガリレオ
発行者　片桐圭子
発行所　朝日新聞出版
〒104-8011
東京都中央区築地5-3-2
編集　生活・文化編集部
電話　03-5540-7015（編集）
03-5540-7793（販売）

印刷所　株式会社リーブルテック

ISBN978-4-02-331673-7
本書は 2017 年刊『大正時代のサバイバル』を増補改訂し、改題したものです

落丁・乱丁の場合は弊社業務部（03-5540-7800）へ
ご連絡ください。送料弊社負担にてお取り替えいたします。

©2018 Hiroki Kashiwaba, Asahi Shimbun Publications Inc.
Published in Japan by Asahi Shimbun Publications Inc.

広開本 KEEP FLAT BOOK
—見開きの良さを追求した画期的製本システム—
この本は広開本製本を採用しています。
株式会社リーブルテック